Streitet euch!

AF636504

Guy Bodenmann

Streitet euch!

Wie Konflikte Paare und ihre Kinder stärken

Patmos Verlag

Wichtiger Hinweis:
Die in diesem Buch enthaltenen Informationen, Hinweise und Übungen wurden nach bestem Wissen des Autors erstellt und sorgfältig geprüft. Sie ersetzen jedoch nicht den persönlich eingeholten (psycho-)therapeutischen oder medizinischen Rat. Verlag und Autor können für Irrtümer oder etwaige Schäden, die aus der Anwendung der dargestellten Informationen, Hinweise oder Übungen resultieren, keine Haftung übernehmen. Deren Nutzung bzw. Durchführung erfolgt auf eigene Verantwortung der Leserinnen und Leser.

MIX
Papier aus verantwortungsvollen Quellen
FSC® C014138

Klimaneutral
Druckprodukt
ClimatePartner.com/14549-2003-1001

Die Verlagsgruppe Patmos ist sich ihrer Verantwortung gegenüber unserer Umwelt bewusst. Wir folgen dem Prinzip der Nachhaltigkeit und streben den Einklang von wirtschaftlicher Entwicklung, sozialer Sicherheit und Erhaltung unserer natürlichen Lebensgrundlagen an. Näheres zur Nachhaltigkeitsstrategie der Verlagsgruppe Patmos auf unserer Website www.verlagsgruppe-patmos.de/nachhaltig-gut-leben

Bibliografische Information der Deutschen Nationalbibliothek
Die Deutsche Nationalbibliothek verzeichnet diese Publikation in der Deutschen Nationalbibliografie; detaillierte bibliografische Daten sind im Internet über http://dnb.d-nb.de abrufbar.

Alle Rechte vorbehalten
© 2023 Patmos Verlag
Verlagsgruppe Patmos in der Schwabenverlag AG, Ostfildern
www.verlagsgruppe-patmos.de
Umschlaggestaltung: Finken & Bumiller, Stuttgart
Umschlagabbildung: NotionPic/Shutterstock.com
Gestaltung, Satz und Repro: Schwabenverlag AG, Ostfildern
Druck: Finidr s.r.o., Český Těšín
Hergestellt in Tschechien
ISBN 978-3-8436-1433-7

Inhalt

I. Wenn Paare streiten

Täglich liest und hört man von sozialen, politischen, militärischen Konflikten, Konflikten zwischen Gruppen, Staaten, Generationen, Geschlechtern. Man wird den Eindruck nicht los, dass es mehr Spannungen und Zerwürfnisse als Verträglichkeit und Frieden gibt. Konflikte werden mit Ausschreitungen, Krisen und Krieg in Zusammenhang gebracht. Entsprechend negativ ist das Wort „Konflikt" geprägt.

In diesem Buch wollen wir der Frage nachgehen, ob Konflikte in Paarbeziehungen wirklich so negativ sind. Wir wollen ausloten, welche Bedeutung ihnen im Rahmen der Partnerschaft und Familie zukommt, wie sie entstehen, wie sie ausgetragen werden und welche Auswirkungen sie auf das Paar und seine Kinder haben können.

Beispiel[1]

Als Beate nach der Arbeit nach Hause kommt, findet sie die Wohnung im Chaos vor. Till hatte diesen Nachmittag die beiden Kinder betreut. Offenbar hatten sie viel Spaß gehabt, denn das ganze Wohnzimmer ist völlig durcheinander und zugestellt. Beate kommt fast nicht zur Tür rein, überall liegen Spielsachen verstreut. Kissen und heruntergeworfene Gegenstände zeugen von einer Kissenschlacht. „Oje, wie sieht es denn hier aus!", stöhnt Beate, als sie ihren Partner begrüßt. „Wir hatten echt eine tolle Zeit", entgegnet Till und grinst. „Ja, das sehe ich", erwidert Beate leicht sauer. „Es ist ja toll, wenn ihr Spaß habt, doch ich finde es nicht okay, dass die Wohnung wie ein Saustall aussieht, wenn ich nach Hause komme." „Musst du gleich rummeckern, kaum kommst du zur Tür rein?", gibt Till ebenfalls verärgert zurück. „Ich möchte mal sehen, wie *du* reagierst, wenn die Wohnung so aussieht, wenn ich mit den Kindern zusammen war", schnappt Beate zurück.

Diese Situation wurde mir jüngst von einem Paar erzählt. Die beiden sind seit zehn Jahren in einer festen Partnerschaft, haben zwei Kinder im Alter von sechs und acht Jahren. Beate arbeitet halbtags, Till übernimmt zwei Nachmittage pro Woche die Kinderbetreuung. Die geschilderte Situation hatte sich jüngst zugetragen und war kein Einzelfall. Beate merkte, wie es sie zusehends nervte, dass sie, wenn sie mit der Kinderbetreuung dran war, nebenher auch den Haushalt machte, kochte, putzte und bügelte oder den Kindern bei den Hausaufgaben half, während Till die Zeit einfach genoss und Spaß mit den Kindern hatte. So würde immer alles an ihr hängen bleiben, was sie immer stärker als unfair empfand. Die spaßige Zeit hätte der Vater mit den Kindern, sie dagegen würde alles allein stemmen müssen, das sei ungerecht. Beate und Till hatten danach nicht weiter darüber gesprochen, aber irgendwie wurmte sie es. Doch wie konnte sie es ändern?

Solche Situationen sind häufig in Partnerschaften. Auf den ersten Blick wirken sie trivial. Aber sie sind es nicht. Wäre Beate nach einem kurzen Moment des Ärgers wieder guter Dinge und würde sie der Sache keine große Bedeutung beimessen, wäre die Geschichte auch keiner weiteren Rede wert. Dass es sie wurmt, dass sie es als ungerecht und unfair empfindet, darin liegt der Stachel, der sie immer stärker stören und Auswirkungen auf ihre Beziehungszufriedenheit haben wird.

Was ist ein Paarkonflikt?

Primär ist ein Konflikt[2] nichts Negatives. Ein Paarkonflikt ist schlicht und einfach eine Auseinandersetzung, bei der unterschiedliche Meinungen, Einstellungen, Bedürfnisse, Interessen oder Ziele aufeinandertreffen. Manchmal versuchen beide, ihre Vorstellungen durchzusetzen, manchmal geht es dem Paar um das gemeinsame Finden von Lösungen für ein Problem. Je nachdem arten Konflikte in Machtkämpfe aus oder bieten die Gelegenheit zum Innehalten und Nachdenken, zur Zielkorrektur und zu positiven Veränderungen.

Für Konflikte werden unterschiedliche Begriffe verwendet wie Auseinandersetzung, Meinungsverschiedenheiten, Differenzen, Uneinigkeit, Spannungen, Disput, heftiger Wortwechsel, Zank oder Streit. Je nachdem, welches Wort benutzt wird, versucht man, dem Konflikt eine abgeschwächte Bedeutung zu geben (z.B. „Wir haben nur eine kleine Differenz“) oder Konflikte als eine natürliche Sache zu sehen, in welcher man sich mit einem Thema auseinandersetzt und sich gegenseitig mitteilt, was einen stört („Wir haben eine Meinungsverschiedenheit und tauschen uns aus“). Oder aber Konflikte werden als bedrohlich erlebt und mit Streit, Zank und Kampf gleichgesetzt. Aus dieser Perspektive sieht man den Partner, die Partnerin* als feindliches Gegenüber. Den Konflikt zu gewinnen, wird zur Aufgabe, um das Gesicht zu wahren, zu dem zu kommen, was einem zusteht, oder einfach, um sich zu behaupten oder seine Dominanz in der Beziehung zu wahren.

Zum Nachdenken
Welche Begriffe verwende ich für Konflikte? Welche Bedeutung hat das Wort *Konflikt* für mich? Assoziiere ich damit eher etwas Negatives oder Chancen und Veränderungsmöglichkeiten? Woher kommt das?

In diesem Buch verwenden wir die verschiedenen Begriffe synonym. Wir unterscheiden jedoch zwischen konstruktivem (positivem, förderlichem) und destruktivem (negativem, schädigendem und verletzendem) Streiten.

Konflikte bei Paaren gehören dazu. Es ist illusorisch zu denken, dass zwei Menschen, die auf engem Raum leben (z.B. in einem gemeinsamen Haushalt) und ihren Lebensrhythmus aufeinander abstimmen müssen, immer gleicher Meinung sind. Es ist unrealistisch, dass Partner:innen stets dieselben Bedürfnisse haben nach Zweisamkeit/Nähe oder Distanz, dass sie immer übereinstimmen bezüglich der Einrichtung der Wohnung und entsprechender Anschaffungen, hinsichtlich der Frage, wie viel Zeit man gemeinsam als Paar, mit Freund:innen, Verwandten, den Kindern verbringen möchte, wie man die Freizeit gestaltet und wohin man in die Ferien fährt. Es gibt mannigfache Reibungsflächen, wenn zwei Menschen in dieser Dichte zusammen sind, wie es bei den meisten Paaren der Fall ist. Doch diese

* Bei allen Nennungen von Personen sind immer Frauen, Männer, trans Frauen, trans Männer und non-binäre Personen gemeint. Um der besseren Lesbarkeit des Textes willen werden jedoch unterschiedliche Schreibweisen genutzt: weibliche und männliche Form, Schrägstrich, Gender-Doppelpunkt und an einigen Stellen auch das generische Maskulinum.

variieren nach Phasen. Es gibt Phasen, in denen die Bedürfnisse deckungsgleicher sind (häufig während der Verliebtheit), und andere, in denen sie stärker auseinanderklaffen. Und es gibt Bereiche, wo unterschiedliche Auffassungen und Einstellungen mehr oder weniger Spannungen verursachen (z.B. Haushaltsführung, Rollen- und Aufgabenverteilung, Häufigkeit und Art von Sex) oder zur Zerreißprobe werden wie beispielsweise bei der Frage, ob man Kinder möchte oder nicht und wenn ja, wie viele.

Wenn zwei Menschen mit einer unterschiedlichen Biographie, unterschiedlichen Wertvorstellungen, Bedürfnissen, Wünschen und Zielen zusammen sind, kommt es zwangsläufig zu Spannungen. Das Gegenteil wäre verwunderlich, denn wie soll es ohne Auseinandersetzungen gehen, wenn z.B. der eine Partner, die eine Partnerin einen autoritären Erziehungsstil, der/die andere dagegen einen Laisser-faire-Erziehungsstil vorzieht? Wie bringt man das Bedürfnis des einen nach freien Wochenenden ohne Verpflichtungen mit dem Wunsch des anderen zusammen, diese Zeit für die Einladung von Freunden zu nutzen? Wie löst man das Problem, wenn die eine Partnerin die Ferien am Meer, die andere sie in den Bergen verbringen möchte?

Merke
Das Problem sind weder die unterschiedlichen Bedürfnisse noch der Partner, die Partnerin, welche:r nicht dasselbe will, sondern dass viele entweder diesen Spannungen aus dem Weg gehen oder den anderen dafür offen oder insgeheim kritisieren („Warum musst du ständig was anderes wollen?“; „Können wir nicht wenigstens *einmal* einer Meinung sein?“).

Bei Konflikten geht es darum, die unterschiedlichen Bedürfnisse wahrzunehmen und sich gemeinsam damit auseinanderzusetzen. Es gilt, unterschiedliche Auffassungen zu akzeptieren und die daraus resultierenden Spannungen anzusprechen und aufzulösen. Doch viele wählen einen anderen Weg, sie fressen Störendes in sich hinein, kehren es unter den Teppich. Andere werden laut, dominant oder aggressiv. Wieder andere nörgeln oder schmollen oder sabotieren heimlich. Auf diese verschiedenen Konfliktstile komme ich später zu sprechen, gehen wir zuerst auf die Phasen eines Konfliktes ein.

Die Phasen eines Konflikts

Ein Konflikt kommt meist nicht aus heiterem Himmel. Vielmehr fiel einem schon länger etwas auf, was einen störte, ein Verhalten des Partners, der Partnerin, Bemerkungen, Versäumnisse, Veränderungen. So hat der Partner, die Partnerin immer weniger Zeit für einen, ist gereizter oder verschlossener als früher, kommt häufiger verspätet nach Hause, ist weniger offen und fürsorglich, egoistischer und selbstzentrierter. Zu Beginn hat man das negative Gefühl darüber beiseitegeschoben, abgewartet und beobachtet. Man hat auf eine positive Wende gehofft. Doch wenn diese nicht eintritt, steigt das Unbehagen, das Störende nimmt immer mehr Raum ein, man wird dafür sensibler und beginnt nur noch darauf zu achten. Die Wahrnehmung wird eingeengt und bald sieht man vor lauter Störendem die positiven Seiten des Partners, der Partnerin nicht mehr.

Insgesamt können vier Phasen eines Konflikts unterschieden werden.

Die vier typischen Phasen von Konflikten	
1. Phase: Erkennen, dass einen etwas stört	Einer oder beide merken, dass sie etwas stört. Dies äußert sich in innerer Spannung, dem Aufkommen negativer Gefühle, zunehmender Gereiztheit und Unzufriedenheit. Oft kommt es zu häufigerem Nörgeln oder Rückzug.
2. Phase: Mut aufbringen, das Störende anzusprechen	Eine:r macht den ersten Schritt und spricht das Störende an. Er/sie wagt sich aus der Komfortzone und überwindet das Bedürfnis nach Harmonie.
3. Phase: Diskussion der störenden Punkte	Es kommt zu einem Konfliktgespräch. Die eigene Sicht wird geschildert, der Leidensdruck thematisiert. Der/die andere hört zu, versucht zu verstehen und schildert seine/ihre Optik. Beide gehen aufeinander ein.
4. Phase: Lösungsfindung und Beilegung des Konflikts	Mit gemeinsamer Anstrengung gelingt es, für die unterschiedlichen Positionen einen Kompromiss zu finden.

Bei einem konstruktiven Durchlaufen der vier Phasen macht das Paar die Erfahrung, dass Konflikte nichts Schlimmes sind, zum Alltag gehören und eine wichtige Möglichkeit darstellen, um Probleme wirkungsvoll aus dem Weg zu räumen. Es gibt ihnen das Gefühl, Einfluss nehmen zu können und gemeinsam mit dem Partner, der Partnerin Bedingungen zu schaffen, die für beide passend sind.

Allerdings kann auch jede der vier Phasen zu einer Quelle von Stress werden, wenn einer oder beide Partner:innen destruktiv reagieren. Eine an und für sich fruchtbare Auseinandersetzung mündet dann schnell in einen eskalierenden Streit.

Das Problem kann bereits in der *ersten Phase* (Erkennen) darin liegen, dass die Bereitschaft oder Fähigkeit fehlt, Störendes überhaupt wahrzunehmen. Viele haben zu Hause keine Vorbilder für eine angemessene Konfliktkultur erlebt. Konflikte gab es nicht („Bei uns wurde nie gestritten“). Sie erschrecken daher bereits bei einem lauten Wort des Partners, der Partnerin, da sie es nicht gewohnt sind. Beim Heben der Stimme zucken sie zusammen und wittern die Beziehung in Gefahr. Oder sie finden es inakzeptabel, wenn der andere sich echauffiert („Man sollte immer und überall Haltung bewahren“). Lautwerden, Schimpfen oder Herumschreien werden als Zeichen einer schlechten Erziehung oder charakterlichen Schwäche gewertet und nicht toleriert.

Beispiel

„Dass er so rumschreit, geht gar nicht. Man kann auch dann den Anstand wahren, wenn man sich aufregt. Ich habe echt Mühe damit, wenn er so laut wird. Bei uns zu Hause wurde nie gestritten“ (S. K., 35 Jahre alt).

Schwierigkeiten in der *zweiten Phase* (Ansprechen) können im Blockieren oder Bestrafen des Ansprechens von Problemen durch den Partner, die Partnerin liegen. Er/sie sieht keine Notwendigkeit für ein Gespräch, will keine Probleme wahrhaben (zumindest keine nennenswerten) oder hat keine Zeit und keine Lust, darüber zu diskutieren. Man solle doch die wenigen Momente, die man zusammen verbringt, nicht mit Schwierigkeiten trüben und unnötig Probleme ans Licht zerren. Verständlicherweise fällt das Ansprechen von Störendem auch schwer, wenn der Partner, die Partnerin bei vorherigen Versuchen bereits negativ reagiert hatte. Man verliert dann schnell den Mut, Dinge anzusprechen und verändern zu wollen. Es kommt zu keinem klärenden Gespräch und keiner Lösung für das Problem. Negative Gefühle wie Ärger, Frustration, Enttäuschung oder Traurigkeit werden runtergeschluckt. Man klagt anderswo (bei der besten Freundin) über die Situation oder versucht sich damit zu arrangieren. Auf diese Weise kann sich keine konstruktive Konfliktkultur entwickeln.

Beispiel

„Immer, wenn ich etwas anspreche, das mich stört, nimmt mein Partner dies persönlich und zieht sich zurück. Das empfinde ich als extrem mühsam und demotivierend" (K. H., 45 Jahre alt).

In der dritten Phase (Diskussion) kann es zu Schwierigkeiten kommen, wenn das Konfliktgespräch ausartet oder eskaliert. Anstatt Argumente auszutauschen und sich zuzuhören, wird abgewertet, lächerlich gemacht, bloßgestellt oder gekränkt. Oft kommt es im Verlauf der Konfliktdynamik dazu, dass beide sich verhärten, auf ihren Sichtweisen beharren und kein Bemühen zeigen, die Position des anderen verstehen zu wollen, und nur die eigene Sicht gelten lassen. Häufig werden solche Konflikte laut, es wird geschrien, man fällt sich wechselseitig ins Wort. Das Gespräch wird hitziger, feindseliger und am Ende kommt es oft zu einem abrupten Abgang (Tür hinter sich zuschlagen) oder im schlimmsten Fall zu psychischer oder physischer Gewalt.

Beispiel

„Sie wird dann so laut und schreit herum. Das macht mir Angst und verunsichert mich. Ihre Vorwürfe empfinde ich als ungerecht, undifferenziert und häufig einfach nur verletzend. Ich gehe dann in die Gegenoffensive über und werfe ihr auch Dinge an den Kopf, die ich in der Hitze des Gefechts zwar ausspreche, die mir nachträglich aber leidtun" (G. S., 28 Jahre alt).

Die vierte Phase (Lösungsfindung) findet bei vielen Paaren häufig gar nicht statt. Man ist weit davon entfernt, nach einem eskalierenden

Streit eine Lösung zu finden oder sich wieder zu vertragen. Beide gehen verletzt auseinander, geben die Schuld für das Desaster dem anderen. Hätte er/sie nur zugehört, sich mehr Mühe gegeben, wenigstens ein bisschen Verständnis gezeigt oder nur ein wenig eingelenkt, wäre alles möglich gewesen. Doch nein, diese Sturheit, diese Arroganz und Ignoranz! Man sucht nach Erklärungen für den negativen Ausgang und findet sie in der Person des Partners, der Partnerin. Bei der nächsten Begegnung wirkt der letzte ungelöste Streit nach – keine gute Voraussetzung für ein Gelingen in einer nächsten Diskussionsrunde. Das Paar reitet sich mit jedem ungünstig verlaufenden Konflikt noch mehr in die Aussichtslosigkeit hinein. Bald erwarten beide schon gar nicht mehr, dass sie wahrgenommen, in ihren Bedürfnissen gesehen und als Person wertgeschätzt werden könnten. Die Fronten verhärten sich und Entfremdung stellt sich ein.

Beispiel

„Nach einem Streit zieht sich jeder von uns zurück. Wir reden dann mehrere Stunden nicht mehr miteinander. Wenn der Streit besonders heftig war, geht S. mir aus dem Weg und schläft nachts auf der Coach im Wohnzimmer. Das zermürbt mich dann vollends. Ich frage mich dann, ob ich zu ihm hingegen soll, doch habe ich nicht den Mut dazu. Ich denke, er würde mich zurückstoßen und erneut beschimpfen" (M. M., 35 Jahre alt).

Die vierte Phase könnte auch die Gelegenheit bieten, nach einem wenig fruchtbaren Verlauf der Diskussion innezuhalten und das Vorgefallene zu analysieren. Dabei könnte man realisieren, was eine konstruktive Kommunikation verunmöglicht hat. Dies böte die Möglichkeit, aus Negativem zu lernen. Denn diese Bereitschaft ist eine Grundvoraussetzung für eine gelingende Konfliktkommunikation.

Selbstevaluation Was trifft auf mich/unsere Partnerschaft zu?	Trifft gar nicht zu					Trifft sehr zu
	0	1	2	3	4	5
Ich realisiere, wenn etwas nicht stimmt, und kann benennen, was mich in unserer Beziehung stört.	☐	☐	☐	☐	☐	☐
Ich versuche, ein Gespräch zu initiieren, und spreche Störendes an.	☐	☐	☐	☐	☐	☐
Immer bin ich es, der/die Störendes ansprechen muss.	☐	☐	☐	☐	☐	☐
Konfliktgespräche verlaufen bei uns meistens erfolgreich, und wir finden für beide passende, faire Lösungen.	☐	☐	☐	☐	☐	☐
Wir zerreden das Problem und kommen auf keinen grünen Zweig.	☐	☐	☐	☐	☐	☐
Konfliktgespräche laufen bei uns meistens aus dem Ruder	☐	☐	☐	☐	☐	☐
Aufgrund früherer negativer Erfahrungen sprechen wir Störendes immer seltener an.	☐	☐	☐	☐	☐	☐

Konflikte haben immer zwei Bedeutungen: Einerseits können sie als Chance genutzt werden, um Dinge zu verändern, welche für einen nicht stimmen. Doch dazu muss das Störende angesprochen, miteinander ausdiskutiert und gemeinsam aufgelöst werden. In einem solchen Fall sind Konflikte fruchtbar und tragen längerfristig zur Beziehungsqualität und -stabilität bei. Andererseits können Konflikte die Partnerschaftszufriedenheit unterminieren, wenn sie ständig destruktiv verlaufen oder vermieden werden. Anstatt die Partnerschaft zu stärken, werden sie zum Stolperstein.

Merke

Konflikte sind Ausdruck davon, dass etwas nicht stimmt, dass einen etwas stört und man genauer hinsehen sollte. Konflikte bei Paaren sind notwendig. Dass man nicht immer gleicher Meinung ist, nicht immer dieselben Bedürfnisse hat oder nicht immer dieselben Ziele verfolgt, liegt in der Natur der Dinge. Diese Meinungsverschiedenheiten sollten ernst genommen und akzeptiert werden. Es braucht jedoch die Bereitschaft beider, sich den Problemen zu stellen und diese nicht als Bagatelle abzutun oder sie vorschnell als Gefahr zu sehen.

Beziehungen sind dynamisch, und Bedürfnisse, Wünsche, Ziele und Erwartungen verändern sich laufend, daraus resultiert immer neues Konfliktpotenzial. Damit das Paar damit Schritt halten kann, soll Störendes rasch angesprochen und nicht auf die lange Bank geschoben werden. Nicht erst, wenn der Unmut überhandnimmt, sondern rechtzeitig, bevor sich weitere Kritikpunkte anhäufen, gilt es, Störendes anzusprechen. Denn je früher man dies tut, desto größer ist die Chance auf eine positive Veränderung.

Worüber streiten Paare?

Zufriedene und unzufriedene Paare streiten mehrheitlich über dieselben Themen. Wenn sie Kinder haben, sind diese das Hauptkonfliktthema.[3] Man streitet über die richtige Erziehung, wer was falsch macht oder besser machen sollte, wie viel Hobbys gut für sie sind, ob sie Nachhilfeunterricht benötigen, warum sie einem Sorgen bereiten, und bringt ihre Schwachstellen gerne mit den Genen des Partners, der Partnerin in Zusammenhang. Man streitet darum, was man den Kindern an Verhalten durchgehen lassen soll, welcher Umgang für sie am besten ist, wann sie abends beim Ausgehen mit Freunden zu Hause sein müssen, welche Schulleistungen sie zu erbringen haben und wofür das Geld für sie ausgegeben werden soll. Paare mit Kindern streiten auch allgemein häufiger als solche ohne und dies in Bezug auf ganz unterschiedliche Bereiche wie Hausarbeit, Finanzen, Freizeitgestaltung, Beziehung zu Eltern/Schwiegereltern.[4]

Ganz allgemein streiten die meisten Paare in Bezug auf die *Haushaltsführung* („Warum muss ich immer die Drecksarbeit machen?“; „Findest du das fair, dass ich neben Berufstätigkeit und Kinderbetreuung auch noch den Haushalt mache?“), die *Freizeitgestaltung* („Was machen wir eigentlich gemeinsam?“; „Warum hast du eigentlich mehr Freizeit als ich?“; „Warum hast du so teure Hobbys?“), die *Herkunftsfamilie* („Warum können wir nicht mal was selbst entscheiden?“; „Warum mischen sich deine Eltern immer ein?"; „Warum beziehst du nie Stellung und verklickerst denen mal, dass wir unser eigenes Leben führen wollen") oder bezüglich ihrer *Kommunikation* („Mit dir kann man ja nicht reden!"; „Du verstehst mich überhaupt nicht!").

In Paartherapien sind die drei häufigsten Streitthemen: (1) *Eifersucht* („Warum gehst du mit der einen Kaffee trinken?"; „Was soll das, so spät nach Hause zu kommen?"; „Hast du eben mit dem geflirtet?"), (2) *Finanzen* („Brauchen wir das wirklich?"; „Warum entscheidest immer du, für was unser Geld ausgegeben wird?"; „Ich möchte auch mein eigenes Geld zur Verfügung haben") und (3) *Kinder* („Wenn du die Kinder so erziehst, ist klar, was dabei rauskommt"; „Du bist eine Helikoptermutter, lass sie mal selbst zurechtkommen"; „Immer hängt alles an mir, du könntest dich auch mal in der Erziehung engagieren").[5]

Wird nicht nach Konfliktthemen, sondern nach dem Wunsch nach Veränderung gefragt, wünschen sich Frauen vom Partner mehr Emotionalität und emotionale Unterstützung sowie ein stärkeres Engagement bei der Kinderbetreuung und -erziehung. Männer wünschen sich mehr Sex.[6]

Merke
Es sind nicht die Streitthemen, bei denen sich glückliche und unglückliche Paare unterscheiden, praktisch alle streiten über dieselben Dinge. Allerdings machen Kinder einen Unterschied, indem sie dazu führen, dass Paare allgemein häufiger streiten. Dies kann mit einem insgesamt höheren Stressniveau zusammenhängen, wenn Paare Kinder haben und dadurch die Nerven häufiger blank liegen.

Streiten zufriedene Paare anders?

Ja, zufriedene Paare streiten anders, und zwar finden sich die folgenden Unterschiede:[7]

- Sie streiten weniger häufig und weniger heftig, da sie Störendes schneller ansprechen und der Streit dadurch zu keiner großen Sache wird.

- Sie beenden Konflikte mit einer Lösung für das Problem und sind bereit, Kompromisse einzugehen.
- Sie versöhnen sich rasch nach dem Konflikt.
- Trotz des Konflikts bewahren sie die Fähigkeit, weiterhin auch positiv zu bleiben und sich nicht in eine destruktive Negativität hineinzusteigern.
- Sie sprechen Gefühle und Wünsche natürlich und ungezwungen an.
- Sie suchen die Gründe für Störendes nicht primär im Partner, in der Partnerin, sondern in den Umständen, die man verändern kann.

Wissenswertes aus der Forschung

Um Unterschiede bezüglich des Konfliktverhaltens von zufriedenen und unzufriedenen Paaren wissenschaftlich zu untersuchen, lässt man sie im Labor streiten. Dazu werden die Paare gebeten, während 10 Minuten über einen „heißen" Konflikt zu diskutieren, wie sie dies zu Hause tun. Das Konfliktgespräch wird videographiert und anschließend von ausgebildeten Beobachter:innen analysiert.[8] Die Auswertungen sind hochinformativ und geben ein verlässliches Bild davon, wie Paare streiten, welcher Kommunikationsstil welcher Partner, welche Partnerin aufweist, wann das Gespräch entgleist, aus welchem Grund dies geschieht, wer in welcher Form zu dieser Entgleisung beiträgt und wie sich das Gespräch insgesamt entwickelt (z.B. in Richtung Lösung des Konflikts versus Eskalation).

Wer denkt, dass die Paare in einem solchen Setting Theater spielen oder ihren Konfliktstil beschönigen, irrt sich. Die typischen, eingeschliffenen Interaktionsmuster des Paares setzen sich rasch durch und bewirken, dass das Paar mehr oder weniger so streitet wie zu Hause. Es liegt höchstens insofern eine Verzerrung vor, als keine physische Gewalt vor laufender Kamera gezeigt wird. Das Gespräch gibt aber dennoch Hinweise auf gewalttätige Paare. Dass die eingeschliffenen Muster tatsächlich so robust sind, zeigen mehrere Studien. Bittet man glückliche Paare, so zu streiten, als wenn sie unglücklich wären, schaffen sie es nicht. Umgekehrt können unglückliche Paare, welche gebeten werden, möglichst konstruktiv zu streiten, dies nicht bieten. Paare sind in ihren typischen Kommunikationsmustern gefangen und mit Instruktionen wenig beeinflussbar.[9]

In Abbildung 1 sind die Verläufe der Konfliktgespräche von zufriedenen und unzufriedenen Paaren abgebildet.[10]

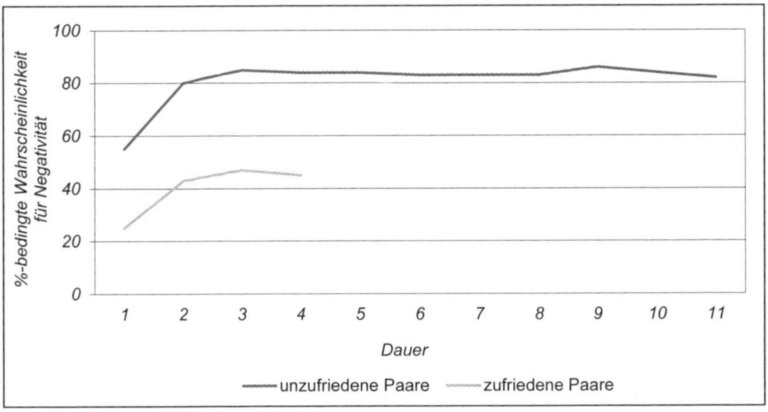

Abbildung 1: Konfliktmuster bei zufriedenen und unzufriedenen Paaren

Folgende Informationen können aus der Abbildung 1 gewonnen werden:

- Zufriedene Paare streiten weniger lang und gehen rascher zu neutraler oder positiver Interaktion über, während unzufriedene Paare einen längeren Schlagabtausch aufweisen.
- Die Wahrscheinlichkeit, auf eine negative Äußerung des Partners, der Partnerin ebenfalls negativ zu reagieren (man könnte auch neutral oder positiv reagieren), liegt zu Beginn des Konfliktgesprächs bei zufriedenen Paaren bei etwas über 20 %, bei unzufriedenen Paaren bei rund 60 %. Dies bedeutet, dass bei zufriedenen Paaren auf Negativität häufiger neutral („Du scheinst ja wirklich aufgebracht zu sein“) oder positiv („Schatz, was ist mit dir los? Du wirkst so gereizt“) reagiert wird. Bei unzufriedenen Paaren folgt Negativität fast regelhaft auf Negativität (Kritik wird mit Gegenkritik beantwortet, z.B. „Immer musst du rummeckern“).
- Im weiteren Verlauf des Konflikts steigt die Wahrscheinlichkeit für

Negativität bei beiden Gruppen an, erreicht bei den zufriedenen Paaren jedoch nie mehr als eine 50-Prozent-Wahrscheinlichkeit. Damit bleiben diese weiterhin in der Lage, ihre Negativität zu kontrollieren. Bei den unzufriedenen Paaren dagegen wird Negativität zum Selbstläufer.

- Meist enden die Konflikte unterschiedlich: Bei unzufriedenen Paaren kommt es oft zu einer Eskalation, der Streit wird verbal hitziger, die Partner:innen fallen sich gegenseitig ins Wort, die Emotionalität steigt (Ärger steigert sich in Wut). Zufriedene Paare dagegen beenden den Streit oft mit *Humor* (lachend: „Was hat uns denn da gepikt, dass wir uns so in die Haare geraten sind?") oder *Versöhnung* („Es tut mir leid, dass ich so heftig wurde, ich habe es nicht so gemeint"). Sie finden auch öfter eine konstruktive *Konfliktlösung* („Gut, ich verstehe, was dich stört. Ich werde das nächste Mal zuerst bei dir nachfragen, bevor ich meine Freundinnen einlade").

Die Analysen der zehnminütigen Konfliktgespräche zeigen weiter, dass einige Paare den Konflikt ganz ordentlich beginnen und im Verlauf der zehn Minuten an Negativität zulegen, während andere gleich heftig einsteigen und sich gegenseitig Saures geben, aber am Ende der zehn Minuten friedlicher werden. Eine dritte Gruppe diskutiert vom Anfang bis zum Ende auf einem ähnlichen Niveau, entweder hochdestruktiv oder auf einer mittleren oder niedrigen Negativität.

Auf der Grundlage solcher Konfliktgespräche können fünf Paartypen unterschieden werden[11]:

- Leidenschaftliche Paare: Sie streiten intensiv und engagiert. Es kann im Verlauf des Konflikts hart zugehen, harsche Worte fallen, aber am Ende kriegen diese Paare wieder die Kurve, versöhnen sich und sind in der Lage, den Konflikt friedlich zu beenden. Ihr Umgang miteinander ist trotz der Heftigkeit des Streits von mehr positiven als negativen Äußerungen und Verhaltensweisen gekennzeichnet.
- Wertschätzende Paare: Sie zeichnen sich durch wohlwollendes Streiten aus. Sie hören sich zu, versuchen sich gegenseitig zu verstehen, begegnen sich wertschätzend und bringen negative Bemerkungen dosiert und sensibel ein. Ihre Kritik ist verhalten, es fallen

keine groben Wörter, man versucht, einander zu verstehen. Die Kommunikation ist durch Wohlwollen, Wertschätzung und Verständnis gekennzeichnet.

- Zur Ruhe gekommene Paare: Diese Paare streiten insgesamt auf kleiner Flamme. Es kommt selten zum Streit, und wenn, dann verläuft dieser kontrolliert und wohltemperiert. Diese Paare haben sich bereits „abgewetzt“ (es handelt sich häufig um ältere Paare oder Paare in längeren Beziehungen[12]). Man kennt sich gut und ist bereit, auch mal alle fünfe grade sein zu lassen. Es handelt sich nicht um Konfliktvermeider im später beschriebenen Sinne, sondern um Paare, welche kein großes Aufheben mehr benötigen. Sie sind im Verlauf der Jahre zur Ruhe gekommen und sprechen Störendes rechtzeitig an, bevor es zu einem großen Konfliktthema wird.

Diese drei Paartypen erweisen sich als zufrieden und längerfristig stabil.[13] Ihnen stehen zwei Gruppen gegenüber, die sich durch hohe Unzufriedenheit und ein erhöhtes Scheidungsrisiko auszeichnen:

- Feindselige Paare: Sie geraten über Kleinigkeiten in Streit, streiten destruktiv und verletzen sich gegenseitig im Konflikt. Sie haben häufig und unkontrolliert Streit, und ihr Alltag ist stark von diesen Auseinandersetzungen geprägt. Sie vergiften das Paar- oder Familienklima mit ihrer destruktiven Art.
- Feindselig-losgelöste Paare: Diese Paare verhalten sich distanziert, abweisend und kalt zueinander und gehen sich aus dem Weg. Wenn sie jedoch aneinandergeraten, ist ihr Verhalten hochdestruktiv. Sie verwenden viele Abwertungen und Provokationen.

Zum Nachdenken

Zu welchem Paartyp zählen wir? Welchen Paartyp würde ich mir wünschen? Was müsste sich ändern, damit wir diesem Typ näherkommen könnten?

Streiten Frauen anders als Männer?

Insgesamt finden sich nur geringe Unterschiede bezüglich der Konfliktkommunikation von Frauen und Männern. Es gibt mehr Ähnlichkeiten als Unterschiede.[14] Ein paar wichtige Unterschiede gibt es dennoch. So tendieren Frauen häufiger dazu, Konflikte anzusprechen und ausdiskutieren zu wollen. Sie bleiben hartnäckig am Konflikt dran und werden emotional. Männer auf der anderen Seite neigen häufiger zu Rückzug und Vermeidung und möchten am liebsten Konflikte unter den Teppich kehren. Sie hoffen, dass sich das Problem von selbst erledigt und keine großen Diskussionen erforderlich sind. Im Zuge des Konflikts sprechen Frauen zudem mehr über *Gefühle* („Weißt du, mich hat das wirklich gestört und ich finde es nicht okay. Es hat mir echt schlechte Gefühle gemacht"), während Männer zu einer raschen *Problemlösung* neigen („Klar, verstehe ich, aber schau es mal von einer praktischen Seite an: Wir haben beide viel Stress, da macht es doch nur Sinn, wenn wir uns aufteilen und nicht beide zusammen die Kinder ins Bett bringen").[15]

Diese unterschiedlichen Herangehensweisen (Ansprechen des Konflikts versus dessen Vermeidung sowie Äußern von Emotionen versus rasche Problemlösung) schaffen häufig Spannungen, insbesondere da sich die Frauen nicht verstanden und in ihrem Anliegen nicht ernst genommen fühlen. Sie empfinden Frustration, die Männer auf der anderen Seite fühlen sich bedrängt. Sie nehmen die Frau als nörgelnd und quengelnd wahr. Beide zeigen bei diesem Muster eine niedrigere Partnerschaftszufriedenheit und längerfristig ein höheres Trennungsrisiko.[16]

Wissenswertes aus der Forschung

Insgesamt liegen wie gesagt nur geringe Unterschiede zwischen den Geschlechtern bezüglich der verschiedenen Kommunikationsformen vor. Ein immer wieder gefundener Unterschied liegt beim sogenannten Demand-Withdraw-Verhalten. *Demand* meint, dass man den Konflikt einbringt, den Partner, die Partnerin in die Mangel nimmt und hartnäckig dranbleibt, um das Problem zu Ende zu diskutieren. Man lässt nicht gleich locker, sondern drängt auf ein Besprechen des Störenden und

wünscht sich eine Lösung. Im Gegensatz dazu steht *withdraw* für das Ausweichen, Verdrängen und die Tendenz, Konflikten aus dem Weg zu gehen. *Withdraw* geht mit Konfliktscheue und Rückzug einher.
In einer Studie[17], in welcher 75 Paare (20 lesbische Paare, 15 schwule Paare, 20 verheiratete heterosexuelle Paare und 20 nicht verheiratete heterosexuelle Paare) in videographierten Konfliktgesprächen analysiert wurden, konnte gezeigt werden, dass Frauen insgesamt mehr zu *demand* und Männer mehr zu *withdraw* neigen, unabhängig von der sexuellen Orientierung oder Partnerschaftsform.
Die Hauptbefunde der Studie sind:

- Keine signifikanten Unterschiede zwischen den vier Gruppen.
- Mehr Demand-Verhalten in allen Gruppen, wenn ein eigenes Problem vorgebracht wird.
- Frauen zeigen in allen Gruppen mehr Demand-Verhalten.
- Männer zeigen in allen Gruppen mehr Withdraw-Verhalten.
- Es findet sich ein stärkeres Demand-Withdraw-Muster, wenn das Konfliktthema von der Frau eingebracht wird.
- Alle Paare weisen eine geringere Partnerschaftszufriedenheit beim Demand-Withdraw-Verhaltensmuster auf.

Ist Streiten nicht schädlich?

Viele Menschen denken, dass Konflikte schädlich für die Beziehung sind und man sie möglichst vermeiden sollte. Manche rühmen sich damit, dass sie nie Konflikte haben. Sie berichten dies voller Stolz. Dabei ist die Vermeidung von Konflikten eben gerade das Problem. Konfliktvermeidung untergräbt früher oder später jede Paarbeziehung. Störendes sollte angesprochen und ausdiskutiert werden. Je rascher und konsequenter man dies tut, desto weniger läuft man Gefahr, dass es sich zu einem großen und unüberwindbaren Problem auswächst. Je früher man anspricht, was man sich wünscht oder was man nicht möchte, desto konstruktiver kann man es tun. Denn je länger man wartet, desto mehr negative Gefühle stauen sich an, und ab einem gewissen Punkt verunmöglichen diese ein konstruktives Gespräch. Streiten lohnt sich daher. Damit ist natürlich nicht gemeint, dass man sich ständig wegen Kleinigkeiten in die Haare gerät und an allem herumnörgelt. Vielmehr sollen die Dinge, die einen nachhaltig stören, nicht unter den Teppich gekehrt, sondern aktiv angesprochen werden. Für das Beispiel von Beate und Till bedeutet dies, dass Beate nicht darum herumkommen wird, mit Till das Gespräch zu suchen und ihm mitzuteilen, was sie stört und was sich ändern muss. Tut sie dies nicht, wird die erlebte Unfairness und Ungerechtigkeit sie immer mehr stören und sich zu einem manifesten Beziehungsproblem auswachsen. Ab einem gewissen Punkt wird aus einem vermeintlich trivialen Anlass ein dominierendes Thema, um das man zu kreisen beginnt. Es nimmt das Denken und Fühlen vollständig ein, man sucht überall nach Hinweisen für das Problem, nimmt das Verhalten des Partners, der Partnerin immer mehr unter die Lupe, sieht am Ende nur noch das Störende und meint, alles, was er/sie tut, wäre dazu da, einem zu schaden.

Wissenswertes aus der Forschung

Streiten ist für die Partnerschaft besser als Schweigen, wenn es sich um ein wichtiges Konfliktthema handelt, das einen nachhaltig stört.[18] Selbst negative Verhaltensweisen, wie Vorwürfe zu machen, den Partner, die Partnerin zu beschuldigen oder ihn/sie herumzukommandieren oder zurückzuweisen, welche normalerweise unterlassen werden sollten, sind sinnvoll und erweisen sich als günstig für die Beziehungszufriedenheit, wenn es sich um wichtige und stark störende Aspekte in der Partnerschaft handelt. Während Vorwürfe und Beschuldigungen ungünstig sind, wenn es um Banalitäten geht, retten sie die Partnerschaft bei Dingen, die einen fundamental stören. Durch das Ansprechen, selbst wenn dies zu heftig erfolgt, gelingt es, den Partner, die Partnerin wachzurütteln und klarzustellen, dass es so nicht weitergehen kann und eine Veränderung notwendig ist. Dadurch kann das Paar Probleme gemeinsam aus dem Weg räumen, die der Beziehung gefährlich werden.

Daher gilt: Konfliktthemen anzusprechen ist positiver, als sie zu ignorieren. Je kompetenter das Paar dies tut, desto vorteilhafter.[19] Es wird es umso kompetenter tun können, je früher beide Störendes ansprechen. Je länger sie warten und je mehr negative Emotionen sich aufstauen, desto schwieriger wird es. Man sollte daher seinen Ärger längerfristig nicht hinunterschlucken[20], sondern dem Partner, der Partnerin mitteilen, was einen ärgert und aus welchem Grund. Wenn beide Partner:innen bereit sind, Konflikte zuzulassen und zu lösen, stärken sie ihre Beziehung.

2. Verschiedene Konfliktstile

Konflikte werden sehr unterschiedlich ausgetragen. Nachfolgend gehen wir auf die folgenden fünf Konfliktstile ein: (1) vermeidender Konfliktstil, (2) schwelender Konfliktstil, (3) passiv-aggressiver Konfliktstil, (4) verbal-aggressiver Konfliktstil und (5) gewaltsamer Konfliktstil.

Vermeidender Konfliktstil

Gewisse Menschen neigen dazu, Konflikte nicht wahrhaben zu wollen. Sie sehen keinen Grund für Konflikte, sind überzeugt, dass alles prima läuft und in bester Harmonie ist. Diese Menschen neigen zu Verdrängung. Sie wollen Konfliktpotenziale nicht erkennen, reden die Situation schön und meinen, dass sie zu den Paaren gehören, welche auf der ewig währenden Woge der Liebe alt werden. So schön das klingen mag, es entspricht nicht der Realität. Wie bereits ausgeführt wurde, gibt es keine Partnerschaft ohne Reibungen, Spannungen und Konflikte. Es ist nicht möglich, dass immer und überall die Bedürfnisse und Ziele beider Partner:innen dieselben sind, dass man sich in jeder Situation einig ist.

Merkmale eines vermeidenden Konfliktstils:

- Die Partner:innen gehen Konflikten aus dem Weg.
- Sie vermeiden Themen, welche zu Konflikten führen könnten, bereits frühzeitig.
- Sie würgen aufkeimende Konflikte rasch ab, bagatellisieren sie oder verharmlosen das Thema, das zu einem Konflikt führen könnte.
- Häufig dienen auch Humor oder oberflächliche Lockerheit und Leichtfüßigkeit als Strategie dazu, Konflikte abzufangen, damit ja keine negative Stimmung aufkommen kann.

Zwei Menschen sind nicht immer derselben Meinung, haben nicht immer und überall dieselben Bedürfnisse und Ziele, teilen nicht immer dieselben Einstellungen und Werte. So ähnlich sich zwei Menschen auch sein können (und wir wissen, dass Ähnlichkeit zwischen den Partner:innen günstig für die Zufriedenheit ist[21]), eine völlige Übereinstimmung liegt auf Dauer nie vor. Entsprechend kommt es immer wieder zu Situationen, in denen der eine dies und der andere etwas anderes möchte. Ein Partner, eine Partnerin möchte beispielsweise lieber am Meer Strandferien verbringen, der/die andere möchte lieber in die Berge zum Wandern fahren – und schon haben wir eine Spannung. Natürlich ist dieser Konflikt an und für sich kein großes Problem, beide Bedürfnisse sind legitim und an beiden Orten kann man sich gut erholen. Aber die Frage bleibt: Wohin fährt nun das Paar? In die Berge oder ans Meer? Eine:r wird nachgeben müssen. Die Unterschiedlichkeit der gewünschten Feriendestination erlaubt es nicht, so zu tun, als wäre alles in Ordnung, wenn man an den Ort fährt, der nicht den eigenen Wünschen entspricht. Auch wenn man sich einredet, dass das schon okay sei und man sich am Meer genauso gut wie in den Bergen erholen könne, irgendwie ist man sich dennoch der Tatsache bewusst, dass man nicht dorthin fährt, wohin man es sich gewünscht hätte. Passiert das einmal oder ab und zu, ist das in der Regel kein Problem, häufen sich die Situationen hingegen, in denen man mit seinen Bedürfnissen zurückstehen muss, entsteht mit der Zeit ein unterschwelliges Unbehagen. Klar kann man dieses herunterspielen, doch genau betrachtet wurmt es einen dennoch, dass man mit seinen Bedürfnissen immer die zweite Geige spielt. Warum muss ich immer den Kürzeren ziehen? Zählen meine Bedürfnisse und Wünsche denn nicht genauso? Bin ich weniger wert? Würde ein Mensch, der mich wirklich liebt, nicht auch mal auf mich eingehen und meine Bedürfnisse zu befriedigen versuchen?

Bei Konfliktvermeidern werden solche Fragen und Zweifel unterdrückt. Sie nehmen sie zwar meist sehr wohl wahr, vermeiden es aber, das Thema vor dem Partner, der Partnerin anzusprechen. Sie möchten keinen Streit, möchten nicht als nörgelnde Person wahrgenommen werden, die schwierig ist und Probleme macht. Schließlich ist es ja schön, dass man überhaupt zusammen in die Ferien fährt. Wenn es ihnen wirklich egal ist, wohin sie am Ende fahren, dann ist es auch nicht weiter der Rede wert. Wenn es sie jedoch stört, dass sie mit ihrer Meinung und ihren Wünschen immer an zweiter Stelle kommen, dann sieht die Sache anders aus. Dann ist das Thema nicht trivial. Es geht ja letztlich auch nicht nur um die Feriendestination, es geht darum, dass der/die andere immer bestimmt und sich mit seinen/ihren Bedürfnissen durchsetzt, keine Rücksicht nimmt und dominant ist. Vor diesem Hintergrund hat es nichts damit zu tun, schwierig oder undankbar zu sein, wenn man seine Meinung einbringt und zu seinen Wünschen und Bedürfnissen steht. Im Gegenteil: Wenn es nicht um Kleinigkeiten geht, sondern um fundamentale Dinge („Ich möchte in dieser Partnerschaft auch gesehen und mit meinen Bedürfnissen wertgeschätzt werden"), dann wird die Vermeidung von Konflikten längerfristig einem selbst schaden (indem man z.B. psychosomatische Probleme entwickelt) und die Partnerschaft gefährden.[22]

Letztlich hat keine:r der beiden Partner:innen richtigere oder wichtigere Bedürfnisse, beide sind gleichermaßen richtig und wichtig. Es hilft daher nicht, die Bedürfnisse des anderen abzuwerten, sondern zu erkennen, dass nur eine Auseinandersetzung zum Thema und schließlich das Finden eines Kompromisses die Lösung sein kann.

Wenn einer bereits von vornherein einlenkt, gibt es keine Konflikte. Aber es hat seinen Preis, keine Konflikte zu haben.

Es gibt verschiedene Gründe, warum Konflikte vermieden werden:

- Schwierigkeit, eigene Bedürfnisse wahrzunehmen,
- Schwierigkeit, eigene Bedürfnisse mitzuteilen,
- Schwierigkeit, Spannungen auszuhalten.

Schwierigkeit, eigene Bedürfnisse wahrzunehmen

Sich zu spüren und eigene Bedürfnisse, Wünsche und Ziele wahrzunehmen, ist für viele nicht einfach. Sie haben es in ihrer Kindheit und Jugend nicht gelernt. Sie mussten auf andere Rücksicht nehmen, eigene Bedürfnisse zurückstellen oder unterdrücken. Mit der Zeit haben sie verlernt, diese zu spüren. Später fällt es ihnen schwer zu realisieren, was sie wollen und brauchen. Sie haben keinen Kontakt zu sich selbst. Das Gefühl, immer hinter andern zurückstehen zu müssen, sich keine eigenen Bedürfnisse erlauben zu dürfen, ist jedoch auf

Dauer belastend. Es führt zu einer Art der Selbstvernachlässigung, die der Preis ist für jahrelange Verdrängung eigener Bedürfnisse und Wünsche.

So praktisch es auf den ersten Blick für andere wirkt („Mit der kann man machen, was man will"), irgendwann kommt der Bumerang – und zwar nicht nur bei der Person, welche ihre Bedürfnisse nicht spürt, sondern oft auch bei dem Partner, der Partnerin.

Beispiel

Frau C. ist seit mehreren Jahren glücklich verheiratet. Sie hat einen Mann, der ihr jeden Wunsch von den Lippen abliest, sie verwöhnt und überaus fürsorglich und aufmerksam zu ihr ist. Er ist verständnisvoll und akzeptiert, dass sie häufig bis spät abends arbeitet und am Wochenende zu müde für Ausflüge oder Gäste ist. Er passt sich ihrem Rhythmus an, ihm ist alles recht, er ist unkompliziert und „pflegeleicht".

Als Frau C. auf einem Kongress einen Berufskollegen kennenlernt, imponiert ihr dieser mit seinen klaren Meinungen, seiner direkten Art und der unverblümten Äußerung seiner Bedürfnisse. Sie verliebt sich Hals über Kopf in ihn, geht fremd.

Danach plagen sie Gewissensbisse. Sie macht sich Vorwürfe, ist erschrocken über sich selbst. Wie hat ihr das passieren können?

In der Paartherapie äußert sie, dass ihr dieser andere Mann so gefalle, weil er „Ecken und Kanten" habe. Ihr Mann sei zwar der liebste Mensch auf der Welt, aber habe zu wenig Konturen, sei zu wenig „profiliert". Sie habe realisiert, wie sehr es ihr fehle, einen Partner zu haben, der sie herausfordere, ihr widerspreche und sie in die Schranken weise.

Ich war damals noch ein relativ junger Therapeut und erinnere mich, dass ich perplex dasaß und meinen Ohren nicht traute. Ich war schon mit vielen Paarproblemen konfrontiert worden, dabei ging es immer darum, wie schwierig der andere sei, doch zum ersten Mal hörte ich, dass ein Partner zu „easy" war.

Das Beispiel zeigt, dass „angenehme" Menschen, welche keine Bedürfnisse äußern, zu allem Ja und Amen sagen und unkompliziert und „pflegeleicht" sind, zu Beginn zwar sicher zu gefallen wissen, dass ihnen mit der Zeit jedoch genau dieser Aspekt zum Verhängnis wird. Man möchte keinen „Hampelmann“ als Partner, keine Partnerin, welche sich und ihre Bedürfnisse nicht spürt. Man möchte ein Gegenüber, das einen herausfordert, einem widerspricht und einen weiterbringt. Dazu braucht man einen Partner, eine Partnerin mit Konturen, mit klaren Meinungen und einer klaren Haltung.

Auf der anderen Seite wird auch die konfliktvermeidende Person irgendwann zu realisieren beginnen, dass sie ständig der Spielball anderer ist, und auf einmal kommt der Moment, wo es für einen nicht mehr stimmt.

Beispiel

Stefan war es gewohnt, nachzugeben und mehr auf andere als auf sich selbst zu achten. Er war zur Rücksichtnahme erzogen worden, hatte als Kind einen behinderten Bruder gehabt, welcher die volle Aufmerksamkeit der Eltern erforderte. Sie waren mit dessen Pflege völlig absorbiert und hatten keine Zeit für Stefan. Dieser „lief nebenbei“, seine Bedürfnisse zählten nicht. Er wurde dazu erzogen, nur auf die Bedürfnisse der anderen zu achten, auf diejenigen seines Bruders, seiner Mutter, seines Vaters. Er packte an und half, wo er konnte. Als er erwachsen war, wünschte er sich nichts sehnlicher als auf eigenen Beinen zu stehen und sein eigenes Leben zu führen. Er wählte ein Studium in einer fernen Stadt, um von zu Hause ausziehen zu können. Zwar kannte er die Erwartung der Eltern und spürte ihre Enttäuschung, als er ihnen seinen Entscheid mitteilte, doch musste er fort. Es zerriss ihn fast, sie im Stich zu lassen, und er empfand es als Verrat an ihnen und seinem Bruder. Einige Monate später exmatrikulierte er sich wieder, wählte ein Studium in seiner Heimatstadt und half neben dem Studium weiterhin seinen Eltern bei der Pflege des Bruders. Als er seine erste Freundin kennenlernte, war ein Mensch mehr in sein Leben getreten, dessen Ansprüchen er zu genügen versuchte. Er merkte, dass er ans Limit kam.

Die eigenen Bedürfnisse zu ignorieren, geht eine gewisse Zeit lang, doch irgendwann kommt der Zeitpunkt, wo man nicht mehr zurückstecken möchte oder sich körperliche oder psychische Symptome aufgrund der jahrelangen Verdrängung einstellen. Stefan mag zwar auf den ersten Blick als vorbildlich gelten und durch seine Aufopferungsbereitschaft sympathisch wirken, doch tut er weder sich noch anderen damit einen Gefallen.

Schwierigkeit, eigene Bedürfnisse mitzuteilen

Es ist nachvollziehbar, dass man seine Bedürfnisse nicht mitteilen kann, wenn man sie überhaupt nicht spürt. Es gibt jedoch viele Fälle, bei denen zwar die Bedürfnisse wahrgenommen und richtig interpretiert werden, es jedoch am Mut, an der Gewohnheit oder der Kompetenz fehlt, sie anderen Menschen mitzuteilen. Man getraut sich nicht, zu den eigenen Bedürfnissen zu stehen. Dies kann unterschiedliche Gründe haben. Zum einen befürchtet man, dass diese Bedürfnisse nicht zulässig sein könnten („Ich darf diesen Wunsch nicht haben, das gehört sich nicht") oder dass sie moralisch verwerflich, egoistisch oder unangebracht sind („Solche Wünsche hat man nicht"). Man schämt sich für die eigenen Bedürfnisse und möchte sie anderen nicht kommunizieren, um sich nicht zu blamieren.

Es kann aber auch sein, dass man seine Bedürfnisse nicht äußert aus Angst, dass man dadurch den Partner, die Partnerin verärgern, enttäuschen oder vor den Kopf stoßen könnte. Man möchte vermeiden, dass man den anderen in eine missliche Lage bringt oder übermäßig beansprucht.

Oftmals kommt die Befürchtung hinzu, dass man den Partner, die Partnerin verlieren könnte, wenn man seine Bedürfnisse kommuniziert oder gar durchsetzen möchte. Man hat Angst, dass der andere darauf mit Ablehnung, Rückzug oder Abbruch der Beziehung reagieren könnte. Der Preis scheint zu hoch zu sein, als dass es sich lohnen würde, eigene Bedürfnisse zu äußern. Man nimmt sie zwar wahr, doch ist man blockiert und unfähig, sie mitzuteilen. Lieber schweigt man, lenkt ein und passt sich an, als dass man die Beziehung gefährdet.

Beispiel

Sabine möchte heiraten. Sie weiß, dass das für viele altmodisch und in den Augen mancher uncool ist. Dennoch hatte sie immer diesen Wunsch und empfindet die Ehe als Zeichen einer höheren Verbindlichkeit in der Partnerschaft, welche ihr wichtig ist. Als sie dreißig

Jahre alt wird, hofft sie, dass ihr langjähriger Freund Sandro sie anspricht und ihr zum runden Geburtstag einen Heiratsantrag macht. Doch Sandro macht keine Anstalten. Er witzelt sogar, dass sie nun in einem Alter sei, in dem viele heiraten würden und Kinder bekämen. Sabine lacht mit, dabei hätte sie ihm so gerne gesagt, dass es genau das sei, was sie sich wünschen würde. Doch sie will den schönen Abend nicht ruinieren, nicht schwierig sein. Wenn er sie heiraten möchte, würde er es sagen. Es hat keinen Sinn, ihn unter Druck zu setzen und etwas von ihm zu fordern, wozu er offenbar nicht bereit ist. Sie merkt, wie sie traurig wird.

Wie Sabine möchten viele nicht als schwierig oder kompliziert gelten. Man meint, immer locker, cool und gut gelaunt sein zu müssen. Wer möchte Probleme wälzen, wenn man es eben lustig und gut miteinander haben kann, man sieht sich so selten, hat wenig Zeit miteinander, und diese raren Momente möchte man nicht ruinieren. Aus der Angst heraus und einer gewissen Feigheit, einen entspannten Moment vielleicht zerstören zu können, sprechen viele ihre Bedürfnisse nicht an.

Das mag weniger schlimm sein, wenn es kleinere, unbedeutendere Bedürfnisse sind (z.B. Lust auf Spaghetti, wenn der andere lieber Salzkartoffeln möchte). Es wird schwieriger, wenn es sich um wichtige Bedürfnisse handelt („Mich stört sein Flirten, doch darf ich das nicht ansprechen, sonst fühlt er sich kontrolliert und hält mich für kleinkariert“), um Unterschiede bezüglich des Kinderwunsches (eine:r möchte Kinder, der Partner, die Partnerin nicht) oder wenn es um fundamentale Bedürfnisse geht (sexuelle, psychische und körperliche Integrität).

Beispiel

Mike und Tina sind seit zwei Jahren ein Paar. Sie haben es insgesamt gut miteinander, wohnen zwar noch getrennt, doch verbringen sie viel Zeit zusammen. Das Einzige, was Tina stört, sind die sexuellen Präferenzen von Mike, der sie seit Längerem drängt, mit in einen Swingerclub zu kommen. Er wünsche sich Gruppensex, fände es cool zuzusehen, wie sie von einem anderen Mann „vernascht“ werde. Tina ekeln diese Vorstellungen und sie spürt klar, dass sie das nicht möchte. Dennoch willigt sie eines Abends ein, mit Mike mitzugehen.

So wie Tina geht es vielen. Sie meinen, auch dann den Wünschen des Partners, der Partnerin nachgeben zu müssen, selbst wenn es ihren Bedürfnissen zuwiderläuft. Lieber geben sie nach, als einen Streit herbeizuführen.

Merke
Unterschiedliche Wünsche und Bedürfnisse besitzen ein beachtliches Sprengpotenzial, wenn eine:r dem Frieden zuliebe längerfristig auf die Befriedung der eigenen Bedürfnisse verzichtet. Zwar verhindert Vermeidung kurzfristig Spannungen und Konflikte, doch langfristig sind die Konsequenzen dieses Konfliktstils häufig fatal.

Schwierigkeiten, Spannungen auszuhalten

Wenn man Störendes anspricht, führt dies dazu, dass es zu einem Konfliktgespräch kommt. Anstatt weiter gemütlich fernzusehen, locker zu grillen oder unbeschwert spazieren zu gehen, kommt es zu Spannungen. Man verlässt die Komfortzone, wenn man eigene Bedürfnisse anmeldet, Probleme feststellt oder auf Veränderungen pocht. Damit bringt man einen Stein ins Rollen. Die Reaktionen des Partners, der Partnerin können sehr unterschiedlich ausfallen. Manchmal begrüßt er/sie den Umstand, dass die Probleme angesprochen werden, und empfindet es als wünschenswert, die Missstände aus dem Weg zu räumen. Oftmals bietet dies auch ihm/ihr die Gelegenheit, Dinge anzusprechen, mit denen er/sie selbst nicht restlos zufrieden ist. Er/sie ist dann froh, dass das Thema auf den Tisch kommt.

Oftmals kann es aber auch zu Irritationen, Unmut und Verärgerung führen („Warum musst du das ausgerechnet jetzt ansprechen und diesen unbeschwerten Moment zu zweit vermiesen?"). Für viele ist es nie der richtige Moment, um Schwierigkeiten anzusprechen. Entweder benötigt man dringend Erholung, möchte endlich mal keine Probleme wälzen, war schon lange nicht mehr zusammen oder versteht nicht, weshalb der/die andere immer und überall Probleme sieht. Das macht es der Person, welche Störendes ansprechen möchte, nicht leicht. Sie weiß, dass sie sich damit unbeliebt macht.

Doch es geht genau darum, diese Scheu zu überwinden, Spannungen zu verursachen. Statt zu schweigen und der/die Einfache sein zu wollen, niemandem zur Last zu fallen, niemanden zu verärgern oder zu stören, geht es darum, die Probleme anzusprechen. Doch stattdessen hält man sich zurück, äußert man keine eigenen Bedürfnisse. Die Gründe dafür sind vielfältig, doch meist ist es die persönliche Unfähigkeit oder Unlust, Spannungen zu ertragen, und die Angst davor, von anderen negativ bewertet zu werden („Du bist aber empfindlich, das stört dich wirklich?"). Man scheut die Reaktionen des Partners, der Partnerin und weiß, dass man selbst angegriffen werden kann, wenn man ihn/sie kritisiert. Daher lieber schweigen, als dieses Risiko einzugehen und am Schluss den Kürzeren zu ziehen.

Merke

Meist ist das Nicht-Ansprechen eigener Bedürfnisse nicht ein Zeichen von lobenswerter Rücksichtnahme, sondern von Feigheit. Man unterlässt es, um nicht negativ aufzufallen, dem Partner, der Partnerin nicht zu missfallen. Man vermeidet Konflikte aus Angst vor negativen Konsequenzen.

Beispiel

Pia merkt sofort, wenn ihre Partnerin mit etwas unzufrieden ist. Sie ignoriert sie dann einfach, als wäre sie Luft. Sie blickt nicht auf, wenn sie den Raum betritt, beschränkt sich auf die allernötigste Kommunikation. Pia hasst diese Stimmung, diese Kälte und Distanziertheit, die man nicht durchbrechen kann. Sie rennt wie gegen eine Wand. Ein lautes Wort hat sie in den sieben Jahren Beziehung noch nie von ihr gehört. Es wird nie gestritten. Alles spielt sich in einem „wattierten Raum" ab. Wenn ihre Partnerin mit etwas nicht einverstanden ist, dann geht sie ihr aus dem Weg und dies über mehrere Tage. Oft schläft sie sogar auf dem Sofa im Wohnzimmer. Über das Problem geredet wird nicht.

Ich fand Pias Bild des „wattierten Raumes", in dem sich die Partnerschaft abspielt, sehr passend. Paare, die keine Konflikte austragen, befinden sich effektiv in einem lautlosen Raum. Doch möchte man in einem solchen Raum leben? Man stelle sich eine Gummizelle in der Psychiatrie vor, die Wände mit Schaumstoff ausgelegt, die Töne verschlucken und alles abdämpfen. Möchte man in einer „Gummizellen-Partnerschaft" leben?

Viele reden sich heraus und führen an, dass ihr Problem nicht sei, Bedürfnisse nicht ansprechen zu können, sondern dass oftmals einfach die passende Gelegenheit dazu fehle. Man möchte den passenden Augenblick finden, um Störendes anzusprechen, und ist dann erstaunt, dass dieser nicht kommt oder bereits verstrichen ist. Er wird auch nie kommen.

Beispiel

Wiebke: „Was ist mit dir los?"
Paul: „Nichts, was sollte schon los sein?"
Wiebke: „Ich merke doch, dass etwas nicht stimmt."
Paul: „Aber es ist nichts!"
Wiebke: „Komm schon, dann wärst du nicht so seltsam."
Paul: „Ich bin nicht seltsam, nur müde, hatte einen anstrengenden Tag."

Vielfach hängt die Vermeidung auch mit der fehlenden Gewohnheit zusammen, man hat als Paar keine Gesprächskultur, in der es normal ist, dass man sich Unangenehmes mitteilt und Spannungen ganz natürlich zulässt. Man besitzt keine Kultur der gegenseitigen emotionalen Selbstöffnung, und es mangelt an Vertrauen, dass die Beziehung Konflikte aushält.

Zum Nachdenken

Neige ich selbst zu einem vermeidenden Konfliktstil? Welche früheren und aktuellen Ursachen hat dies? Gibt es bestimmte Personen, bei denen ich eher zu diesem Konfliktstil neige? Wie sieht es in meiner Partnerschaft aus? Gibt es Themen, die ich besonders vermeide?

Wie sieht es bei meinem Partner, meiner Partnerin aus? Neigt er/sie zu diesem Konfliktstil? Wie ist das für mich? Was stört mich besonders daran? Warum?

Schwelender Konfliktstil

Bei dieser Art der Konfliktaustragung handelt es sich um eine verdeckte, indirekte Art. Anstatt Störendes offen anzusprechen und den Konflikt transparent auszutragen, versuchen die Partner:innen oder eine:r von ihnen, um das Problem herumzularvieren. Man deutet es nur ansatzweise an, schweigt unheilschwanger und gibt dem anderen durch demonstrativen Rückzug zu verstehen, dass man nicht zufrieden ist.

Schwelende Konflikte gehen mit einer schlechten Stimmung einher, einer schweren und drückenden Atmosphäre und vergiften das Paar- und Familienklima. Oftmals dauert der schwelende Konflikt Tage oder Wochen. Die Partner:innen gehen sich aus dem Weg, sitzen wortkarg am Esstisch, schauen sich nicht an, ignorieren Bemerkungen des/der anderen oder geben keine Antwort. Es ist diese schwere Stimmung und die Unmöglichkeit, den Konflikt offen anzusprechen, der diese Art der Konfliktführung so destruktiv macht.

Merkmale eines schwelenden Konfliktstils:

- Keine verbal lauten Konflikte, es werden kaum Vorwürfe gemacht.
- Die Spannungen sind nur latent spürbar, äußern sich atmosphärisch (es herrscht „dicke Luft" um das Paar).
- Unzufriedenheit wird indirekt mitgeteilt, beispielsweise durch einen sauren, versteinerten oder abwesenden Gesichtsausdruck, eine abgewandte Körperhaltung, die Vermeidung von Blickkontakt, Schmollen und Grollen.
- Kein Interesse aneinander, kein Nachfragen, keine gemeinsamen Aktivitäten, kaum Nettigkeiten.
- Fassadenhaftigkeit (fehlende Authentizität).

Wie bei einem schwelenden Feuer glüht es bei diesem Konfliktstil unter der Oberfläche. Die negativen Gefühle werden nicht offen geäußert, sind jedoch präsent und färben die Interaktionen ein. Es findet keine offene Feindseligkeit statt, es fallen keine wüsten Worte, aber es findet auch kein klärendes Gespräch statt. Stattdessen herrscht diese bleierne Stille und frostige Atmosphäre. Oftmals weiß die Umwelt nicht genau, worum es geht, weshalb der Partner, die Partnerin dieses abweisende Verhalten zeigt. Häufig kennt man selbst jedoch den Grund und weiß bereits im Vorfeld, dass diese Reaktion gezeigt werden wird.

Beispiel

Tobias kommt verspätet nach Hause. Er habe viel zu tun gehabt und konnte nicht anrufen, es tue ihm leid, meint er beiläufig. Er realisiert schnell, dass Sofia sauer ist. Sie hat ihn kaum begrüßt, als er zur Türe reinkam, saß bereits am Tisch und hatte mit dem Abendessen begonnen. Die Tochter Clara isst ebenfalls schon, blickt kurz auf, wirft ihm einen vielsagenden Blick zu. Wie denn ihr Tag gewesen sei, fragt Tobias, weniger aus Interesse als vielmehr, um die Stimmung aufzulockern und ein Gespräch in Gang zu setzen. Er hat erwartet, dass Sofia sauer reagieren würde. Sie hasst es, wenn er zu spät zum Abendessen kommt. „Mhm", erwidert Sofia wortkarg. Sie erkundigt sich nicht nach seinem Tag, interessiert sich nicht für die Gründe seiner Verspätung. Sie ist offensichtlich eingeschnappt, spricht es aber nicht an. Als sie fertig gegessen hat, bleibt sie nicht sitzen und wartet nicht auf ihn. Sie geht ins Nebenzimmer. Er hört die Tastatur ihres Computers. Vermutlich chattet sie mit einer Freundin und beklagt sich über ihn. Dieser Abend ist gelaufen. Wie so viele vorher.

Analyse

Analysieren Sie dieses Beispiel. Welche Aspekte sprechen für Sie für einen schwelenden Konflikt? Schreiben Sie sie auf einem Blatt auf, welche Hinweise Sie dafür sehen.

Ideal ist, wenn Ihr Partner, Ihre Partnerin das Beispiel unabhängig von Ihnen gleichzeitig analysiert. Tauschen Sie sich anschließend aus und prüfen Sie, wo Sie übereinstimmen und wo nicht. Diskutieren Sie Ihre jeweiligen Sichtweisen.

Meine Analyse des Beispiels: Tobias kommt zu spät zum Abendessen und weiß, dass Sofia das hasst. Umso mehr hätte er sich bemühen können, sie vorher kurz anzurufen und ihr mitzuteilen, dass es später wird. Er hätte ihr die Gründe erläutern können, weshalb es später wird und er es nicht schafft, rechtzeitig zu Hause sein zu können.

Stattdessen informiert er sie nicht. Als er endlich nach Hause kommt, entschuldigt er sich halbherzig und beiläufig. Er gibt sich oberflächlich und fragt sie pseudomäßig nach ihrem Tag. Sofia straft ihn mit Schweigen ab. Sie isst demonstrativ allein und verlässt den Tisch, sobald sie fertig ist. Sie lässt ihn spüren, dass sie sein Verhalten missbilligt. Doch anstatt ihm mitzuteilen, was sie stört, wie sie sich fühlt und was sie künftig anders haben möchte, wählt sie Schmollen. Es herrscht eine frostige Stimmung, es findet keine wahre Begegnung statt. Der Konflikt wird schwelend ausgetragen.

Ein schwelender Konfliktstil kann Folge früherer Beziehungsmodelle sein, beispielsweise der Eltern, und wird in der eigenen Partnerschaft wiederholt, da man keinen anderen Konfliktstil kennt. Er kann jedoch auch eine Folge von Resignation sein, wenn man immer wieder vergeblich versucht hat, Störendes anzusprechen, und kein Gehör fand. Wenn die Probleme trotz aller Bemühungen nicht gelöst wurden und man ständig gegen eine Wand redete, kann es sein, dass der Partner, die Partnerin beginnt, sich zurückzuziehen und die Spannung durch trotziges Schweigen, demonstratives Sich-Verweigern oder psychosomatische Beschwerden (Klagen über Unwohlsein, Kopfschmerzen, Bauchweh) aufrechterhält. Diese Strategie gibt einem das Gefühl, etwas Neues zu versuchen, um sich später nicht vorwerfen zu müssen, nicht alles probiert zu haben.

Ein schwelender Konfliktstil kann auch Ausdruck einer bestimmten Persönlichkeit sein. Es gibt Menschen, die zum Schmollen neigen, die auf Frustrationen, Zurückweisung und Kränkungen mit beleidigtem Schweigen, inszeniertem Rückzug und Ablehnung reagieren. Ihre Strategie ist es, den anderen auflaufen zu lassen. Statt in ein Gespräch einzutreten und sich mit dem anderen auseinanderzusetzen, ziehen es diese Personen vor, die kalte Schulter zu zeigen. Damit immunisieren sie sich gegenüber anderen und sind nicht angreifbar.

Häufig findet sich ein schwelender Konfliktstil auch bei besonders sensiblen Menschen, welche befürchten, im Konfliktgespräch unterlegen zu sein, keine treffenden Argumente zu haben, sich weniger gut mitteilen zu können und dem Partner, der Partnerin verbal unterlegen zu sein. Durch den schwelenden Konfliktstil versuchen sie, sich vor Verletzungen zu schützen.

Im Gegensatz zum vermeidenden Konfliktstil wird beim schwelenden Konfliktstil Unbehagen, Missbilligung und Unzufriedenheit durch Tonfall, Gestik und Mimik oder Leiden („Wegen dir geht es mir so schlecht") indirekt mitgeteilt.

Zum Nachdenken

Neige ich selbst auch zu diesem Konfliktstil? Welche früheren und aktuellen Ursachen hat er? Gibt es bestimmte Personen, bei denen ich eher zu diesem Konfliktstil neige? Wie sieht es in meiner Partnerschaft aus? Gibt es Themen, bei denen ich eher mit diesem Konfliktstil reagiere?

Wie sieht es bei meinem Partner, meiner Partnerin aus? Neigt er/sie zu diesem Konfliktstil? Wie ist das für mich? Was stört mich besonders daran? Warum?

Passiv-aggressiver Konfliktstil

Dieser Konfliktstil ist häufig schwierig zu erkennen, da es sich um eine verdeckte, gut getarnte Aggression handelt. Der Partner, die Partnerin ist nicht offen feindselig, sondern versetzt dem anderen diskret und hinterhältig Schläge, ohne dass diese als negative Handlungen nachgewiesen werden können. Eine passiv-aggressive Konfliktführung ist schwer zu durchschauen und damit für die davon betroffene Person umso verwirrender. Sie untergräbt das Vertrauen in den Partner, die Partnerin, dessen/deren Verhalten und Absichten. Da man nicht weiß, woran man ist, wird man misstrauisch. Die Partnerschaft wird dadurch unterminiert.

Merkmale eines passiv-aggressiven Konfliktstils:

- Die Negativität äußert sich indirekt und verdeckt, ohne dass negatives Verhalten oder üble Absichten einfach nachgewiesen werden können.
- Das Verhalten des Partners, der Partnerin löst häufig vor allem ein schales Gefühl aus, ohne dass man es genau einordnen kann.
- Passiv-aggressives Verhalten ist besonders destruktiv, da es zu Misstrauen führt.

Beispiel

Raoul und Wim haben Gäste. Es sind alte Studienfreunde von Wim, welche eingeladen wurden. Der Abend verlief bisher fröhlich und entspannt. Wim hatte Raoul gebeten, seine Freunde wieder mal einzuladen, da man sich schon länger nicht mehr gesehen hatte. Raoul mag die Freunde mittelmäßig. Sie neigen dazu, schnell in politische Themen zu verfallen, und diskutieren dann stundenlang und intensiv über gewisse Persönlichkeiten aus Politik und Wirtschaft oder über neuere politische Entwicklungen.

Er selbst interessiert sich nicht für Politik und schaltet schnell ab. Eigentlich hasst er diese Treffen aus früheren Erfahrungen. Er hat jedoch eingewilligt, Wims Freunde wieder mal einzuladen, und gibt sich sehr Mühe. Er hat es vor allem Wim zuliebe getan, da es ihnen als Paar die letzte Zeit nicht sehr gut miteinander gegangen ist und er ihm mit der Einladung zeigen wollte, dass er sich dennoch um die Partnerschaft bemüht. Er hatte Wim dafür kritisiert, dass er immer alles Mögliche andere an erster Stelle setze und für ihn gar keine Zeit habe. Wim hatte nicht sonderlich gut auf diese Kritik reagiert.

Als Wim lebhaft mit seinen Freunden diskutiert, nippt Raoul gelangweilt an seinem Glas. Auf einmal unterbricht Wim seine Rede, wendet sich Raoul zu und sagt: „Und du Raoul, was findest du zu dieser Wahl? Hast du erwartet, dass es diese Politikerin schaffen könnte, obwohl sie politisch schon totgeglaubt wurde?“ Raoul erschrickt und ist verlegen. Er hatte nicht aufgepasst, wusste nicht, was er antworten soll. Er schaut hilflos in die Runde und stammelt einige Sätze. Er wird als nicht informiert entlarvt. Die anderen lachen, eine unangenehme Stille entsteht. Dann übernimmt Wim das Gespräch wieder und bringt überzeugende Argumente vor, alle stimmen ihm beeindruckt zu.

Als sich die Freunde verabschiedet haben, spricht Raoul Wim an und fragt, warum er ihm diese dämliche Frage gestellt habe. Er wisse doch genau, dass er politisch nicht informiert sei. Wim gibt sich erstaunt und kontert, dass er es nur gut gemeint habe. Er habe gesehen, dass er verloren dagesessen sei, und habe ihn einbeziehen wollen.

Analyse

Analysieren Sie dieses Beispiel. Woran erkenne Sie den passiv-aggressiven Konfliktstil von Wim? Schreiben Sie auf einem Blatt auf, welche Hinweise Sie dafür sehen.

Ideal ist, wenn Ihr Partner, Ihre Partnerin das Beispiel unabhängig von Ihnen gleichzeitig analysiert. Tauschen Sie sich anschließend aus und prüfen Sie, wo Sie übereinstimmen und wo nicht. Diskutieren Sie Ihre jeweiligen Sichtweisen.

Meine Analyse des Beispiels: Raoul und Wim haben seit einiger Zeit Partnerschaftsprobleme. Man erfährt, dass sich Raoul zu wenig von Wim gesehen fühlt und dieser andere Prioritäten als die Partnerschaft hat. Raoul möchte mit der Einladung von Wims Freunden ein positives Zeichen setzen und ihm zeigen, dass er sich um die Beziehung bemüht und seinem Partner etwas zuliebe tun möchte. Wim könnte dies allerdings als weiteres Indiz dafür nehmen, dass er ihm eins auswischen will, im Sinne von: „Sieh her, ich bemühe mich um die Partnerschaft und lade deine Freude ein, während du nichts machst und dir keine Zeit für mich nimmst.“ Er könnte es allerdings auch als schönes Zeichen von Raoul sehen und sich auch mehr engagieren, doch es scheint, dass er eher zur ersten Interpretation neigt. Auf jeden Fall ergreift er im Verlauf des Abends die Gelegenheit, um Raoul seinen Freunden vorzuführen. Wissend, dass er politisch wenig bewandert ist, stellt er ihm eine Frage, von der er weiß, dass er darauf nicht antworten kann. Er lässt ihn bewusst ins Messer laufen. Zwar kaschiert er die Aktion und bemäntelt sie mit der gut gemeinten Absicht, Raoul integrieren zu wollen, da er so verloren dagesessen sei. Raoul spürt zwar, dass etwas nicht stimmt, doch ganz sicher kann er sich nicht sein. Hat er ihn absichtlich in diese unangenehme Situation gebracht oder hat er wirklich eine positive Absicht gehegt? Warum hat er ihm diese Frage gestellt? Warum hat er ihm nicht geholfen, als die anderen lachten? Warum musste er dann gleich mit seinen brillanten Argumenten glänzen und den Unterschied zwischen ihm (dem Dummerchen) und ihm (dem Belesenen und Informierten) noch mehr hervorheben?

Formen passiv-aggressiven Verhaltens:

- Bewusste oder unbewusste Sabotagen, indem man etwas vergisst, das dem Partner, der Partnerin wichtig ist, zu spät kommt, obwohl man weiß, dass dies den Partner, die Partnerin stört, den Erfolg des Partners, der Partnerin verhindert, indem man ihm/ihr Informationen vorenthält, sich bei Missgeschicken dumm und ahnungslos stellt oder absichtlich Missverständnisse schafft.
- Man erzählt Witze oder unwahre Geschichten über den Partner, die Partnerin.
- Es werden Gerüchte oder Halbwahrheiten über ihn/sie verbreitet, gleichzeitig stellt man sich als Opfer dar, das es nicht besser wusste.
- Man bringt ihn/sie in unangenehme oder peinliche Situation, um ihn/sie vorzuführen und zu blamieren.
- Vordergründig wird dem Partner, der Partnerin etwas zuliebe getan, von dem man jedoch weiß, dass er/sie es nicht mag und sich nicht darüber freut (z.B. Geschenke machen, die nicht passen und ihm/ihr keine Freude machen).
- Pseudohumor, indem man etwas Verletzendes sagt und darüber lacht und es als lustig gemeinten Spaß hinstellt.
- Es werden Doppelbotschaften gesendet, indem man den Partner, die Partnerin vorsätzlich in einen Misserfolg hineinmanövriert, dann aber vermeintlich mitleidig, verständnisvoll oder fürsorglich reagiert („Das ist jetzt aber wirklich dumm gelaufen, Schatz, dabei warst du so nah dran").

Passiv-aggressives Verhalten ist deswegen so destruktiv, weil es nicht direkt fassbar ist. Der Partner, die Partnerin spürt, dass etwas nicht stimmt, doch kann er/sie es nicht richtig einordnen – weder die davon betroffene Person selbst noch die Umgebung, welche Zeuge der Handlung ist.

Beispiel

Ein Paar kam wegen Kommunikationsproblemen in Therapie. Sie (46 Jahre alt) war beruflich sehr erfolgreich und hatte einen eigenen Betrieb aufgebaut. Er (43 Jahre alt) war ewiger Student. Er hatte bisher wenig zum Familieneinkommen beigesteuert und immer wieder neue Ausbildungen begonnen. Er war daher meist zu Hause und kümmerte sich um den Haushalt. Er war, wie er selbst süffisant sagte, der Looser. Die Frau wurde in Konflikten häufig sehr laut und warf ihm vor, dass er ein Schmarotzer sei. Sie hätte es satt, dass er nie richtig arbeiten würde und zu nichts zu gebrauchen sei. Der Mann reagierte auf solche Vorwürfe beherrscht und hörte interessiert zu.

Besonders interessant war nun eine Therapiesitzung: Auf die Frage, wie es dem Paar seit der letzten Sitzung ergangen sei, ergriff er das Wort und schilderte, dass sie am Samstag erneut einen Streit gehabt hätten. Sie hätte einen Film schauen wollen, den er dämlich und unter seinem Niveau fand. Er nannte den Namen des Filmes. Es habe sich um esoterischen Kram gehandelt. Sie hätte auf seine Weigerung, sich diesen Schmarren anzusehen, pikiert reagiert und sei laut und ausfällig geworden. Er hätte sich dann zurückgezogen und der Abend sei für beide gelaufen gewesen.

Während der Mann sprach, fiel mir auf, dass seine Schilderungen seiner Partnerin unangenehm waren. Sie wiegelte gleich zu Beginn ab, meinte, das sei nicht so schlimm gewesen. Mir fiel vor allem auf, dass ihr etwas peinlich war.

Analyse

Analysieren Sie dieses Beispiel. Was fällt Ihnen beim Verhalten des Mannes auf? Warum ist die Partnerin peinlich berührt? Was verfolgt er für eine Strategie?

Ideal ist, wenn Ihr Partner, Ihre Partnerin das Beispiel unabhängig von Ihnen gleichzeitig analysiert. Tauschen Sie sich anschließend aus und prüfen Sie, wo Sie übereinstimmen und wo nicht. Diskutieren Sie Ihre jeweiligen Sichtweisen.

Meine Analyse des Beispiels: An und für sich ist es ja positiv, dass der Mann den Vorfall vom vergangenen Samstag schildert und so Einblick in die Kommunikationsdynamik des Paares gewährt. Auf den ersten Blick auffällig ist einzig, dass der Frau diese Schilderung unangenehm zu sein scheint, obgleich der Therapeut bereits weiß, dass sie in Konflikten laut wird, ihm harte Vorwürfe macht und ihn gelegentlich in der Wut auch beschimpft. Das kann es also nicht sein. Was genau ist ihr peinlich? Der Mann führt aus, dass sie sich mit ihm zusammen einen Film ansehen wollte. Er nennt den Titel des Films, ergänzt, dass es sich um einen esoterischen Film gehandelt hat und er sich einen solchen niveaulosen Schmarren nicht reinziehen will. Warum nennt er den Namen des Films? Warum erwähnt er, dass es ein esoterischer Film war? Er hätte einfach nur zu erzählen brauchen, dass sie sich bei der Filmauswahl nicht einig waren, darüber in Streit gerieten und am Ende der Abend ruiniert war. Er hätte den Fokus auf die misslungene Kommunikation richten können. Stattdessen führte er sie vor. Er schilderte mir, dass seine Partnerin (die erfolgreiche, viel gelobte und angesehene Persönlichkeit) mit ihm (dem Looser und Versager ohne berufliche Karriere in seinem Alter) sich einen solch dämlichen, niveaulosen Film ansehen wollte. Damit wollte er sie vor mir diskreditieren: „Schauen Sie, was sie sich in der Freizeit so ansieht. Von wegen hochstehende Persönlichkeit!“ Er ging davon aus, dass ich als Wissenschaftler nichts von Esoterik halten würde und enttäuscht von ihr wäre. Er wollte, dass ich dachte: „Wie habe ich mich in ihr getäuscht, wie gut konnte sie mich hinters Licht führen, ein solches Image von sich aufbauen und dabei sich für Esoterik interessieren.“ Er wollte sie vor mir demontieren. Sie merkte es und es war ihr peinlich.

Passiv-aggressives Verhalten ist häufig die Strategie des vermeintlich Schwächeren. Man ist dem Partner, der Partnerin verbal unterlegen. In früheren Debatten hatte man den Kürzeren gezogen. Anstatt diesen Misserfolg zu wiederholen, wechselt man die Strategie und bietet keinen Angriffspunkt mehr. Man gibt sich vordergründig positiv, fürsorglich und interessiert und gaukelt beste Absichten vor. Damit nimmt man im ersten Moment dem anderen den Argwohn und lässt ihn in die Falle laufen. Passiv-aggressives Verhalten als Hinterlist zu bezeichnen, ist vielleicht zu hart, doch kann man durchaus festhalten, dass Doppelbödigkeit und Unehrlichkeit Kennzeichen dieses Konfliktstils sind. Man kommuniziert seine negativen Gefühle nicht offen und authentisch, sondern drückt sie in Verhaltensweisen aus, welche dem Partner, der Partnerin schaden, und besonders perfid ist, dass diese:r es zunächst gar nicht realisiert. Zwar kommt ein schales Gefühl hoch, doch häufig merkt man erst später, dass das Ganze einen treffen sollte.

Häufig findet sich diese Strategie bei Personen mit einer narzisstischen Persönlichkeitsstruktur. Wenn sie die erwartete und geforderte Anerkennung, Bewunderung oder Liebe nicht erhalten, sind sie verletzt und neidisch auf andere, welche dies erhalten. Die Person, welche die Erwartungen nicht erfüllt, offen zu konfrontieren und zu kritisieren, ist jedoch riskant und kann zu einer weiteren Ablehnung führen, die unerträglich wäre. Es ist für sie daher praktischer, passiv-aggressive Strategien zu wählen, um sich keine Feinde zu schaffen. Mit dieser Strategie wirken sie vordergründig freundlich und positiv (tun dem Partner, der Partnerin vermeintlich etwas Gutes) und setzen die Stiche diskret und unbemerkt im Hinterhalt.

Dennoch funktioniert diese Strategie auf Dauer nicht. Passiv-aggressive Konfliktmuster führen früher oder später zum Ruin der Partnerschaft. Meist erfolgt der Zerfall über eine Zunahme der Verunsicherung und des Misstrauens des Partners, der Partnerin und eine emotionale Entfremdung. Durch den Rückzug des Partners, der Partnerin und die damit einhergehende noch größere narzisstische Kränkung werden die passiv-aggressiven Verhaltensweisen immer häufiger und offensichtlicher, bis sie schließlich entlarvt werden können.

Zum Nachdenken
Neige ich selbst auch zu diesem Konfliktstil? Welche früheren und aktuellen Ursachen hat es? Gibt es bestimmte Personen, bei denen ich eher zu diesem Konfliktstil neige? Wie sieht es in meiner Partnerschaft aus? Gibt es Themen, bei denen ich eher passiv-aggressiv reagiere?

Wie sieht es bei meinem Partner, meiner Partnerin aus? Neigt er/sie zum passiv-aggressiven Konfliktstil? Wie ist das für mich?

Verbal-aggressiver Konfliktstil

Wenn man von Partnerschaftskonflikten redet, denken viele sogleich an einen lauten, verbal hitzigen und aggressiv geführten Streit. Die beiden Partner:innen schreien sich an, es kommt zu einem wüsten Wortwechsel, zu Vorwürfen, Anfeindungen, die beiden fallen sich gegenseitig ins Wort, unterbrechen sich und hören einander nicht zu. Es sind verbal-aggressive Konflikte, die für viele den Prototyp eines partnerschaftlichen Streitgesprächs darstellen. Wie wir jedoch in den vorherigen Ausführungen gezeigt haben, ist dieser Stil nur *eine* Form neben verschiedenen Konfliktstilen (vermeidend; schwelend; passivaggressiv).

Die verbale Negativität bei destruktiven Konflikten kann auf einem Kontinuum abgebildet werden:

Abbildung 2: Kontinuum der Negativität

Defensivität

Defensive Kommunikation wirkt auf den ersten Blick harmlos. Es wird nicht laut und aggressiv geredet, man attackiert den Partner, die Partnerin nicht frontal. Vielmehr zeichnet sich Defensivität durch folgende Merkmale aus:

- Man weist die Verantwortung für die unangenehme Situation zurück und lehnt jegliche Form von eigener Schuld ab. Man will für das negative Ereignis nicht verantwortlich sein und versucht, seine weiße Weste zu wahren.
- Man gesteht keinen Fehler ein (häufig sind „Ja, aber"-Aussagen).
- Es werden Gegenvorwürfe gemacht, um den Hals aus der Schlinge zu ziehen und den Partner, die Partnerin zum Schweigen zu bringen.
- Man entschuldigt sich nicht und sieht keinen Grund, dies zu tun.
- Man zeigt eine duckmäuserische Haltung und stellt sich als Opfer der Situation oder der Umstände dar.
- Man reicht nicht die Hand zu einer Problemlösung. Damit tritt das Paar auf der Stelle und es findet keine Lösung des Problems statt.

Beispiele für defensive Kommunikation

- „Ich kann da wirklich nichts dafür. Alle mussten Überstunden machen. Naja, ich hätte dich anrufen können, doch im Stress vergisst man das halt."
- „Das ist doch nicht so schlimm, das kann jedem passieren, oder?"

- „Ach, mach aus einer Mücke doch keinen Elefanten, ich kann da nichts dafür, das ist wirklich nicht so schlimm."
- „Mich trifft wirklich keine Schuld."
- „Das ist unfair, mich zum Sündenbock zu machen, ich habe nur getan, was getan werden musste."
- „Ich hätte viel tun können, doch wieso ist das so eine Katastrophe? Es ist doch egal, ob wir sechs Sonnenblumen als Dekoration haben oder nur zwei. Na, gut, ich habe die Anzahl vergessen, doch habe ich immerhin zwei Blumen mitgebracht, das ist besser, als du bei jedem anderen bekommen würdest."
- „Gut, ich hätte die Einkäufe nicht vergessen dürfen, aber klar, du selbst machst nie Fehler."

Beispiel

Sigrid und Kurt sind seit fünf Jahren in einer Partnerschaft. Kurt ist im Außendienst tätig und Sigrid arbeitet als Sekretärin in einer Anwaltskanzlei. Sie haben wenig Zeit füreinander und Sigrid wünscht sich für Freitagabend einen „Paarabend". „Mal wieder nur wir zwei", sagt sie, und da sie am Wochenende die Kinder aus ihrer ersten Ehe in Obhut haben, möchte sie am Freitag einen gemütlichen Abend mit Kurt. „Sei pünktlich, das Essen ist um 19 Uhr fertig", mahnt sie ihn.

Als 19 Uhr verstrichen und Kurt immer noch nicht in Sicht ist, ruft sie ihn auf seinem Handy an. Der automatische Anrufbeantworter meldet seine Abwesenheit. Er ruft nicht zurück. Sie wartet, es vergeht eine halbe Stunde. Sie ärgert sich sehr: Alles ist verkocht und schmeckt dann nicht mehr. Sie hat sich viel Mühe gegeben, um alles liebevoll herzurichten und ein leckeres Essen auf den Tisch zu zaubern. Nach 45 Minuten kreuzt Kurt endlich auf. Er wirkt locker und völlig entspannt.

Sigrid: „Hast du unser Date vergessen? Wir wollten uns doch einen gemütlichen Abend zu zweit machen!"

Kurt: „Oje!"

Sigrid: „Ist das alles, was dir dazu einfällt?"

Kurt: „Du, ich hatte einen superanstrengenden Tag, es war die Hölle los. Franz fiel aus und ich musste noch einen seiner Kunden beliefern. Ein Stress war das, sage ich dir!"

Sigrid: „Du hättest mir rechtzeitig Bescheid geben können, dass du später kommst. Du wusstest ja, dass es später werden würde. Ich habe hier gewartet – fast eine Stunde. Du kommst nicht, bist nicht erreichbar und meldest dich nicht!"

Kurt: „Ja, das ist nervig, klar, aber ich kann wirklich nichts dafür. Ich rannte den ganzen Tag herum, musste einen Job für zwei erledigen …"

Sigrid: „Mich anrufen hättest du können!"

Kurt: „In der Hektik geht das eben unter. Das passiert dir auch schon mal, dass dir was untergeht, niemand ist ein Übermensch."

Analyse

Analysieren Sie das Beispiel und arbeiten Sie heraus, wo Sie defensives Verhalten bei Kurt sehen und um welche Aspekte es sich dabei handelt.

Meine Analyse des Beispiels: Kurt: „Du, ich hatte einen superanstrengenden Tag, es war die Hölle los. Franz fiel aus und ich musste noch einen seiner Kunden beliefern. Ein Stress war das, sage ich dir!" Kurt übernimmt keine Verantwortung für seine Verspätung und schiebt die Verantwortung auf den stressigen Tag. Er ist nicht bereit, Sigrids Sicht zu teilen und wahrzuhaben, dass die Situation für seine Partnerin eine Zumutung ist. Er hätte anrufen können und hat es vergessen. Doch statt Größe zu zeigen und sich zu entschuldigen, weist er jegliche Schuld von sich und rechtfertigt sich nur (Kurt: „Ja, das ist nervig, klar, aber ich kann wirklich nichts dafür. Ich rannte den ganzen Tag herum, musste einen Job für zwei erledigen …"). Sein Mitschwingen („Das ist nervig") wirkt halbherzig und wenig empathisch. Er zeigt damit, dass ihn Sigrids Erleben nicht wirklich interessiert und er ihren Aufwand, ihr Bemühen und ihre Frustration nicht verstehen will. Er rechtfertigt sich und stellt sich als Opfer dar. Er ist derjenige, mit dem man Mitleid haben muss: Er hatte einen superanstrengenden Tag und den Job für zwei erledigt. Es gelingt Kurt nicht, einen Perspektivenwechsel vorzunehmen, sich an Sigrids Stelle zu denken und die Situation aus ihrem Blickwinkel verstehen zu wollen (Kurt: „In der Hektik geht das eben unter. Das passiert dir auch schon mal, dass dir was untergeht"). Hartnäckig wiederholt er seine Aussagen, igelt sich in seiner Verteidigung ein und beharrt darauf, dass ihn keine Schuld trifft. Er geht schließlich in einen Gegenangriff über und wirft Sigrid vor, dass auch sie ab und zu Sachen vergisst. Für Sigrid ist die Situation sehr enttäuschend und frustrierend. Sie fühlt sich und ihr Bemühen nicht wertgeschätzt, fühlt sich nicht gesehen und nicht verstanden. Sie ist ernüchtert und ärgert sich über Kurt und dessen Haltung. Da es kein Durchkommen gibt, ist sie resigniert.

Selbstevaluation **Was trifft auf mich zu?**	**Trifft gar nicht zu**					**Trifft sehr zu**
	0	**1**	**2**	**3**	**4**	**5**
Ich versuche, Verantwortung von mir zu weisen und die Situation möglichst so darzustellen oder zu drehen, dass mich keine Schuld trifft.	☐	☐	☐	☐	☐	☐
Mir fällt es schwer, in einer Situation, in der ich kritisiert werde, die Sicht des Partners, der Partnerin einzunehmen.	☐	☐	☐	☐	☐	☐
Wenn ich mich angegriffen fühle, neige ich dazu, mich zu verteidigen und einen Gegenangriff zu machen.	☐	☐	☐	☐	☐	☐
Es fällt mir schwer, mich für einen Fehler, ein Versäumnis oder eine durch mich verursachte negative Situation zu entschuldigen.	☐	☐	☐	☐	☐	☐
Wenn ich mich angegriffen fühle, stelle ich mich als Opfer dar.	☐	☐	☐	☐	☐	☐
Jeder Vorwurf ist für mich eine Attacke auf meine Person. Ich kann schlecht damit umgehen und muss mich verteidigen.	☐	☐	☐	☐	☐	☐
Häufig denke ich, dass die Situation ja nicht so schlimm ist, wie der Partner, die Partnerin sie darstellt, und dass viel Lärm um nichts gemacht wird. Da habe ich auch keine Lust, groß darauf einzugehen.	☐	☐	☐	☐	☐	☐

Selbstevaluation Was trifft auf meinen Partner, meine Partnerin zu?	Trifft gar nicht zu					Trifft sehr zu
	0	1	2	3	4	5
Er/sie versucht, Verantwortung von sich zu weisen und die Situation möglichst so darzustellen oder zu drehen, dass er/sie unschuldig wirkt..	☐	☐	☐	☐	☐	☐
Ihm/ihr fällt es schwer, in einer Situation, in der er/sie kritisiert wird, meine Sicht einzunehmen.	☐	☐	☐	☐	☐	☐
Wenn er/sie sich angegriffen fühlt, neigt er/sie dazu, sich zu verteidigen und einen Gegenangriff zu machen.	☐	☐	☐	☐	☐	☐
Es fällt ihm/ihr schwer, sich für einen Fehler, ein Versäumnis oder eine durch ihn/sie verursachte negative Situation zu entschuldigen.	☐	☐	☐	☐	☐	☐
Wenn er/sie sich angegriffen fühlt, stellt er/sie sich als Opfer dar.	☐	☐	☐	☐	☐	☐
Jeder Vorwurf ist für ihn/sie eine Attacke auf seine/ihre Person. Er/sie kann schlecht damit umgehen und muss sich verteidigen.	☐	☐	☐	☐	☐	☐
Häufig denkt er/sie, dass die Situation ja nicht so schlimm sei, wie ich sie darstelle, und dass viel Lärm um nichts gemacht wird. Da hat er/sie auch keine Lust, groß darauf einzugehen.	☐	☐	☐	☐	☐	☐

So harmlos Defensivität auf den ersten Blick scheinen mag, es handelt sich um eine sehr destruktive Kommunikationsform, welche mit einer schleichenden emotionalen Entfremdung, einer zunehmenden Beziehungsunzufriedenheit und einem erhöhten Trennungsrisiko einhergeht. Dies aus mehreren Gründen:

- Der Partner, die Partnerin, welche in der Situation durch die Defensivität des anderen frustriert wurde, fühlt sich nicht verstanden, nicht gesehen, in seinen/ihrem Empfinden nicht ernst genommen und nicht wertgeschätzt. Dies führt zu einer emotionalen Verletzung, die nachhallt.
- Dadurch, dass keine ehrliche Entschuldigung ausgesprochen wird (höchstens ein beiläufiges, flapsiges „Sorry"), fühlt sich die andere

Person herabgesetzt. Sie reagiert enttäuscht, verärgert und unverständig. Dass keine Entschuldigung folgt, verstärkt sie in der Ansicht, dass der Partner, die Partnerin den Fehler nicht einsieht und nicht weiter darüber reden will.

- Dass der Partner, die Partnerin, welche die Situation verbockt hat, nun mit der Mitleidsmasche ankommt und einen auf Opfer macht, kommt nicht gut an. Man fühlt sich verschaukelt und zieht sich verständnislos oder angewidert zurück.
- Das Paar kann bei häufiger Defensivität keine Lösungen für das Problem finden, da keine ernsthafte Auseinandersetzung stattfindet, in welcher jede Person Verantwortung für ihr Verhalten und dessen Konsequenzen übernimmt.

Merke
Defensivität ist eine sehr häufige Form der Konfliktkommunikation. Viele stehen für ihre Fehler nicht gerade und verweigern die Übernahme von Verantwortung. Defensivität kann mehrere Gründe haben. Zum einen ist sie dadurch motiviert, im Konflikt nicht unterliegen zu wollen und keine negativere Bilanz (mehr Vergehungen) als der Partner, die Partnerin aufzuweisen. Zum anderen geht Defensivität auch mit einer gewissen Feigheit einher. Fehler einzugestehen, verlangt persönliche Größe und Selbstbewusstsein. Wem dies mangelt, hat Schwierigkeiten, eigene Fehler einzugestehen.

Dominante Kommunikation

Manche Menschen meinen, sie würden mehr erreichen, wenn sie sich herrisch und schulmeisterlich geben, die Stimme erheben oder eindringlich sprechen, indem sie jedes Wort betonen. In Paarbeziehungen sieht man dominante Kommunikation häufig in Situationen, in denen eine Person ihr Bedürfnis rasch und ohne lange Diskussionen durchsetzen möchte, weil sie in Eile ist, keine Geduld hat oder sie es leid ist, Probleme zu zerreden und es doch nicht auf einen grünen Zweig zu bringen. Dominante Kommunikation kann auch Folge vieler vergeblicher Versuche sein, die eigene Meinung, eigene Bedürfnisse und Wünsche auf günstigere Weise einzubringen.

Die dominante Kommunikation zeichnet sich durch folgende Merkmale aus:

- Die Stimme ist laut und nachdrücklich.
- Penetrant wird jedes einzelne Wort betont.
- Der Partner, die Partnerin tritt nahe an den anderen heran und türmt sich vor ihm/ihr auf.
- Häufig wird das Kinn in die Höhe gereckt.
- Man starrt den Partner, die Partnerin eindringlich an.
- Dem Partner, der Partnerin wird kein Raum gegeben, man lässt ihn/sie nicht zu Wort kommen, sondern dominiert das Gespräch mit Lautstärke und Redefluss.
- Häufig wird mit dem Zeigefinger auf den Partner, die Partnerin gezeigt, um dem Gesagten Nachdruck zu verleihen.

Beispiele für eine dominante Kommunikation

- „Dass das klar ist, es wird jetzt so gemacht, wie ich sage!"
- „Du gehst nun sofort zu ihm und regelst das!"
- „Wenn ich sage, dass ich mit entscheiden möchte, unterlässt du es gefälligst, hinter meinem Rücken Handwerker ins Haus zu holen und Arbeiten ausführen zu lassen, wenn ich nicht da bin – ist das klar?!"
- „Schluss mit Diskutieren, entweder du bist bereit zu diesem Kompromiss oder du kannst gehen!"
- „Meinst du, so trägt man Verantwortung? Du gehst nun zu unserer Tochter und redest Tacheles mit ihr!"
- „Ich habe die Schnauze voll von deinem Geschwätz! Mach endlich etwas!"
- „Wenn ich sage, dass ich deine Mutter nicht mehr im Haus sehen will, meine ich das auch so. Du machst ihr nun endlich klar, dass sie hier nicht einfach aufkreuzen soll! Steh endlich deinen Mann und setz dich durch!"

Durch die harte, kompromisslose Haltung schüchtert man den Partner, die Partnerin ein und schafft ein Machtgefälle. Dominante Kommunikation des einen führt daher häufig zu Defensivität oder passivaggressivem Verhalten beim anderen. Obgleich das Gegenüber in der Situation nachzugeben scheint, ist diese Form der Kommunikation auf Dauer kein Gewinn und kein Vorteil für den dominanten Part. Vielmehr manövriert er sich ins Abseits, wird als unangenehm, unnahbar, arrogant und nicht an der Meinung des Partners, der Partnerin interessiert wahrgenommen. Niemand möchte in der Partnerschaft als Schüler:in behandelt und abgekanzelt werden. Eine Beziehung sollte auf Augenhöhe stattfinden, was bei dominanter Kommunikation nicht der Fall ist.

Selbstevaluation Was trifft auf mich zu?	Trifft gar nicht zu					Trifft sehr zu
	0	1	2	3	4	5
Ich werde schnell schulmeisterlich in Konflikten und kanzle meinen Partner, meine Partnerin ab.	☐	☐	☐	☐	☐	☐
Wenn ich ein Bedürfnis habe, setze ich es durch. Dabei kann ich auch laut, eindringlich und fordernd werden.	☐	☐	☐	☐	☐	☐
Ich spreche laut und markant, wenn ich etwas durchsetzen will.	☐	☐	☐	☐	☐	☐
Ich werde rasch ungeduldig und dränge dann auf eine rasche Lösung.	☐	☐	☐	☐	☐	☐
Ich höre meinem Partner, meiner Partnerin nicht mehr zu, wenn ich meine Position und meine Argumente durchbringen möchte.	☐	☐	☐	☐	☐	☐
Ich baue mich körperlich vor meinem Partner, meiner Partnerin auf, um ihn/sie einzuschüchtern.	☐	☐	☐	☐	☐	☐

Selbstevaluation Was trifft auf meinen Partner, meine Partnerin zu?	Trifft gar nicht zu					Trifft sehr zu
	0	1	2	3	4	5
Er/sie wird schnell schulmeisterlich in Konflikten und kanzelt mich ab.	☐	☐	☐	☐	☐	☐
Wenn er/sie ein Bedürfnis hat, setzt er/sie es durch. Dabei kann er/sie auch laut, eindringlich und fordernd werden.	☐	☐	☐	☐	☐	☐

Selbstevaluation Was trifft auf meinen Partner, meine Partnerin zu?	Trifft gar nicht zu					Trifft sehr zu
	0	1	2	3	4	5
Er/sie spricht laut und markant, wenn er/sie etwas durchsetzen will.	☐	☐	☐	☐	☐	☐
Er/sie wird rasch ungeduldig und drängt dann auf eine rasche Lösung.	☐	☐	☐	☐	☐	☐
Er/sie hört mir nicht mehr zu, wenn er/sie die eigene Position und die eigenen Argumente durchbringen möchte.	☐	☐	☐	☐	☐	☐
Er/sie baut sich körperlich vor mir auf, um mich einzuschüchtern.	☐	☐	☐	☐	☐	☐

Merke
Dominante Kommunikation ist kein Zeichen von Stärke und Überlegenheit, sondern das Gegenteil. Niemand, der gute Argumente und gerechtfertigte Bedürfnisse oder Wünsche hat, muss sich in dieser Weise aufspielen, sondern kann seine Meinung sachlich und überzeugend vorbringen. Dominante Kommunikation ist unangebracht in Paarbeziehungen und führt zu einer gestörten Rollenverteilung.

Verallgemeinernde Kritik

Anders als bei der konkreten Kritik gehört die verallgemeinernde Kritik zu den problematischen Kommunikationsformen. Insgesamt kommt dieser Konfliktstil sehr häufig vor.

Die verallgemeinernde Kritik kennzeichnet sich durch folgende Merkmale:

- Es werden Du-Botschaften in Verbindung mit Immer/nie-Aussagen gemacht.
- Häufig sind die Aussagen angreifend und vorwurfsvoll.
- Man unterbricht den Partner, die Partnerin und fällt ihm/ihr ins Wort.
- Es findet keine konkrete und fassbare, sachliche Kritik statt, sondern ein Rundumschlag (alles ist nicht gut).

- Die Kritik wird auf andere Situationen und häufig auch auf Vergangenes ausgeweitet. Man wärmt alte Geschichten auf.
- Die Kritik wird auf die Persönlichkeit oder den Charakter des Partners, der Partnerin ausgeweitet, und es erfolgen negative Persönlichkeitszuschreibungen.
- Man beharrt auf der eigenen Sicht, ist vom eigenen Standpunkt überzeugt und nicht bereit, andere Argumente gelten zu lassen.
- Verbal-aggressive Kommunikation geht mit einer hohen Emotionalität einher (Ärger, Wut, Hohn).
- Es wird laut und schnell gesprochen.
- Es findet kein Zuhören und Aufnehmen von Argumenten des Partners, der Partnerin statt.
- Am Ende des Konflikts erfolgt keine Versöhnung, sondern häufig ein gegenseitiges negatives Aufschaukeln bis hin zur Eskalation.

Beispiele für verallgemeinernde Kritik

Immer/nie-Äußerungen in Kombination mit „Du":

- „Ich habe die Schnauze echt gestrichen voll! Nie hörst du mir zu!"
- „Du kannst nicht einfach immer machen, was du willst, ich bin schließlich auch noch da!"

Negative Persönlichkeitszuschreibungen:

- „Es ist immer dasselbe, auf dich kann man sich nicht verlassen. Du bist eine unzuverlässige Person."
- „Ist es so schwierig, sich mal in andere hineinzuversetzen? Musst du immer autistisch auf deine Perspektive fixiert sein? Es gibt nicht nur dich auf dieser Welt!"
- „Sorry, aber das hättest du wissen müssen: Aber dich interessiert ja eh nichts, schon gar nicht, wenn es um mich geht."
- „Ich kenne niemanden, der so respektlos ist wie du."
- „Das ist so typisch für dich!"

Beispiel

Paul und Mirjam arbeiten in ihrem Familienunternehmen. Seit Längerem haben sie keine Ferien mehr gemacht. Mirjam drängt darauf, dass sie diesen Sommer eine Auszeit nehmen, auch den Kindern zuliebe. Paul hätte auch Lust, doch sieht er die Finanzen kritisch. Sie haben mehrere Kunden, die noch nicht bezahlt haben, und solange dieses Geld nicht eingegangen ist, möchte er keinen teuren Urlaub buchen.

Mirjam: „Das ist doch egal, wir können uns das auch so leisten. Ferien sind nun mal notwendig. Wir dürfen sie nicht wieder verschieben."

Paul: „Ja schon, aber wenn diese drei Kunden nicht bezahlen, wird es eng."

Mirjam: „Sei kein Spielverderber. Warum haben die denn noch nicht bezahlt? Die Beträge waren ja schon vor drei Monaten fällig."

Paul: „Das weiß ich nicht mehr ..."

Mirjam: „Was? Du weißt es nicht? Hast du sie denn nicht gemahnt?"

Paul: „Das ging unter."

Mirjam: „Das ging unter? Sag mal, spinnst du? Es ist immer das Gleiche, jetzt reicht's! Du hättest sie schon vor zwei Monaten mahnen müssen, dann wäre das Geld jetzt auf dem Konto."

Paul: „Immer weißt du alles besser! Das sind langjährige Kunden, denen kann man nicht so einen Druck machen."

Mirjam: „Und ob man denen Druck machen kann! Du hättest dich eben mal ein bisschen auf die Hinterbeine stellen müssen. Du bist viel zu nachgiebig und nachlässig! Denen musst du mal zeigen, wo der Hammer hängt. Das ist doch dein Job! Aber nein – du bist eben ein Weichei."

Analyse

Analysieren Sie das Beispiel und finden Sie die Kritikaussagen. Unterscheiden Sie dabei zwischen (a) konkreter Kritik, (b) verallgemeinernder Kritik (Immer/nie-Aussagen) und (c) negativen Persönlichkeitszuschreibungen.

Meine Analyse des Beispiels:

Mirjam: „Was? Du weißt es nicht?" *(Konkrete Kritik)*

Mirjam: „Das ging unter? Sag mal, spinnst du?" *(Konkrete Kritik)*

Mirjam: „Es ist immer das Gleiche, jetzt reicht's!" *(Verallgemeinernde Kritik)*

Mirjam: „Du hättest sie schon vor zwei Monaten mahnen müssen.“ *(Konkrete Kritik)*

Paul: „Immer weißt du alles besser!“ *(Verallgemeinernde Kritik)*

Mirjam: „Du hättest dich eben mal ein bisschen auf die Hinterbeine stellen müssen. Du bist viel zu nachgiebig und nachlässig! Denen musst du mal zeigen, wo der Hammer hängt. Aber nein – du bist eben ein Weichei.“ *(Negative Persönlichkeitszuschreibung)*

Selbstevaluation Was trifft auf mich zu?	Trifft gar nicht zu					Trifft sehr zu
	0	1	2	3	4	5
Ich formuliere meist verallgemeinernde Kritik.	☐	☐	☐	☐	☐	☐
Wenn ich in Fahrt komme, neige ich dazu, einen pauschalen Rundumschlag zu machen und alles in Frage zu stellen.	☐	☐	☐	☐	☐	☐
Wenn mich mein Partner, meine Partnerin nervt, kommt es vor, dass ich alte Geschichten aufwärme und ihm/ihr Dinge an den Kopf werfe, die schon lange her sind.	☐	☐	☐	☐	☐	☐
Ich werde in Konflikten schnell laut und rege mich sehr auf, dabei kommt es vor, dass ich alles daneben finde, was mein Partner, meine Partnerin macht.	☐	☐	☐	☐	☐	☐
Ich falle meinem Partner, meiner Partnerin ins Wort, wenn ich aufgeregt bin, und unterbreche ihn/sie, um meinen Standpunkt auszuführen.	☐	☐	☐	☐	☐	☐
In Konflikten höre ich meinem Partner, meiner Partnerin nicht wirklich zu, sondern überlege mir schon, was ich als Nächstes sagen kann.	☐	☐	☐	☐	☐	☐
In Konflikten werde ich schnell vorwurfsvoll und angreifend.	☐	☐	☐	☐	☐	☐

Selbstevaluation Was trifft auf meinen Partner, meine Partnerin zu?	Trifft gar nicht zu					Trifft sehr zu
	0	1	2	3	4	5
Er/sie formuliert meist verallgemeinernde Kritik.	☐	☐	☐	☐	☐	☐
Wenn er/sie in Fahrt kommt, neigt er/sie dazu, einen pauschalen Rundumschlag zu machen und alles in Frage zu stellen.	☐	☐	☐	☐	☐	☐
Wenn ich meinen Partner, meine Partnerin nerve, kommt es vor, dass er/sie alte Geschichten aufwärmt und mir Dinge an den Kopf wirft, die schon lange her sind.	☐	☐	☐	☐	☐	☐
Er/sie wird in Konflikten schnell laut und regt sich sehr auf, dabei kommt es vor, dass er/sie alles daneben findet, was ich mache.	☐	☐	☐	☐	☐	☐
Er/sie fällt mir gerne ins Wort und unterbricht mich, um seinen/ihren Standpunkt auszuführen.	☐	☐	☐	☐	☐	☐
In Konflikten hört mein Partner, meine Partnerin mir nicht wirklich zu, sondern überlegt sich schon, was er/sie als Nächstes sagen kann.	☐	☐	☐	☐	☐	☐
In Konflikten wird er/sie schnell vorwurfsvoll und angreifend.	☐	☐	☐	☐	☐	☐

Merke

Verallgemeinernde Kritik ist die häufigste Form negativer Kommunikation in Paarkonflikten. Das macht sie aber nicht weniger problematisch und gefährlich für die Partnerschaft. Besonders Rundumschläge, Personen- und Charakterzuschreibungen verunmöglichen ein faires und zielführendes Gespräch. Wie sollte man sein Verhalten ändern können, wenn man generell ein schwieriger Mensch ist?

Abwertende, verächtliche Kommunikation

Eine sehr problematische Kommunikationsform stellt die häufige Verwendung von Abwertungen dar. Paare, welche diese Art zu kommunizieren häufig zeigen, sind nicht nur unzufriedener in der Beziehung, sondern haben auch eine deutlich höhere Trennungs- oder Scheidungswahrscheinlichkeit.[23]

Die abwertende oder verächtliche Kommunikation ist durch folgende Merkmale charakterisiert:

- Der Partner, die Partnerin wird abgewertet. Man demontiert den Partner, die Partnerin, macht ihn/sie klein und putzt ihn/sie herunter.
- Der Partner, die Partnerin wird lächerlich gemacht. Man verspottet den Partner, die Partnerin, seine/ihre Meinungen oder Verhaltensweisen, Gefühle und Ansichten und parodiert sie oder zieht sie ins Lächerliche.
- Man karikiert den Partner, die Partnerin. Seine/ihre Aussagen werden nachgeäfft, sein/ihr Verhalten theatralisch übertrieben oder grotesk dargestellt, es wird belustigend oder höhnisch auf Äußerungen des Partners, der Partnerin reagiert, es werden Bemerkungen gemacht, die den Partner oder die Partnerin vor anderen in einem ungünstigen Licht dastehen lassen.
- Man stellt den Partners, die Partnerin bloß. Seine/ihre Schwächen werden gegenüber anderen ausgespielt und dabei häufig belustigend oder als witzige, lustige Anekdote dargestellt.
- Die Aussagen erfolgen in einem abwertenden, zynischen oder sarkastischen Tonfall, wodurch sie noch boshafter, gemeiner oder verletzender wirken.
- Häufig ist verächtliche Kommunikation von Augenverdrehen begleitet (sodass man nur noch das Weiße der Augäpfel sieht).
- Verächtliche Kommunikation zeigt sich auch in negativer Mimik und Gestik (Naserümpfen, Verziehen des Gesichts, höhnisches Lachen, belustigter Gesichtsausdruck).

Beispiele für abwertende, verächtliche Kommunikation

- „Du hättest anrufen können, aber natüüürlich, der Herr hat das nicht nötig!"
- „Nein, du musst nicht von deinem Sockel herabsteigen und dich auch mal fragen, was ich mir wünsche."
- „Oh, ist dir wirklich wichtig, was ich denke?"

- „Haha, da lache ich mich ja krumm, du solltest dich mal selbst reden hören!“
- „Da gerätst du immer gleich in Stress, huh, so richtig in Stress!“
- „Aber klar, der Film ist nichts für dich, nur für Minderbemittelte wie mich. Wie konnte ich es wagen, dich zu fragen, ob du Lust hast, mit mir ins Kino mitzukommen!“
- „Du meinst, nur du kannst das! Deine Selbstüberschätzung ist grandios. Welche große Ehre, mit dir zusammen sein zu dürfen!“
- „Verständnisvoll, duuuu bist verständnisvoll? Habe ich richtig gehört?“

Sätze der verächtlichen Kommunikation sind meist durch eine typische Intonation gekennzeichnet, welche spöttisch, gemein, höhnisch, zynisch oder sarkastisch ist. Man gibt dem Partner, der Partnerin zu verstehen, dass seine/ihre Meinung völlig daneben ist, man seine/ihre Gefühle lächerlich findet und seine/ihre Wünsche oder Bedürfnisse in keiner Weise nachvollziehen kann.

Diese Art der Kommunikation ist deutlich verletzender und zerstörerischer als alle bisher genannten. Sie stellt einen Frontalangriff auf die Person des Partners, der Partnerin dar und lässt jeglichen Respekt und jegliche Achtung vor ihm/ihr vermissen. Den Menschen, dem man eigentlich mit Liebe, Fürsorge und Wertschätzung begegnen sollte, auf diese geringschätzende Weise zu behandeln, hinterlässt nachhaltige seelische Verletzungen: Die verächtliche Kommunikation geht meistens mit einer Schädigung des Selbstwerts des anderen einher, da man sich als Person in Frage gestellt und in seinem Denken, Fühlen und Handeln abgewertet fühlt. Die beißende, boshafte und gemeine Kritik des anderen ist tief verletzend und verstörend. Personen, die ohnehin Mühe haben, sich selbst anzunehmen, sich als wichtig und wertvoll zu empfinden, werden durch diese Art der Kommunikation besonders getroffen und psychisch destabilisiert. Verächtliche Bemerkungen signalisieren ihnen, dass sie nichts taugen, dass man sie wie Dreck behandeln kann. Dadurch führt die abwertende Kommunikation beim anderen oft zu Rückzug und emotionaler Panzerung. Diese emotionale Distanzierung, häufig aus einem Selbstschutz heraus, führt zu Entfremdung und zum Zerfall der Partnerschaft.

Wenn verächtliche Äußerungen zur Gewohnheit werden und es sich nicht um seltene Beispiele handelt, ist der Übergang zur psychischen oder verbalen Gewalt fließend. Fiese Abwertungen der Person des Partners, der Partnerin sind eine Form der Geringschätzung, die psychische Narben hinterlässt.

Beispiel

Sina: „Ich war vorhin in der Küche. Die sieht aus wie ein Saustall. Da komme ich müde nach Hause. Du warst den ganzen Nachmittag zu Hause und hast es nicht für nötig befunden, die Küche in einem einigermaßen akzeptablen Zustand zu hinterlassen. Alles steht noch dreckig rum. Es ist eklig!"

Dorothee: „Also komm schon, wegen dieser zwei, drei Tassen. Mach doch nicht aus einer Mücke einen Elefanten!"

Sina: „Ich mache keine Mücke aus einem Elefanten! Ich stelle nur fest, dass wir abgesprochen haben, dass du dir im Haushalt mehr Mühe gibst und ein bisschen mehr für Ordnung und Sauberkeit sorgst, und nun stelle ich fest, dass nichts davon der Fall ist!"

Dorothee (sarkastisch, nachäffend): *„Ha, nichts davon ist der Fall! Wir haben es abgesprochen.* Du klingst wie meine Mutter (diese nachäffend): *Mach sofort die Küche sauber, sonst gibt's Saures!*"

Sina: „Das ist nicht fair!"

Dorothee (höhnisch): „Aber klar doch!" (Nachäffend:) *„Das ist nicht fair! Ich hatte einen anstrengenden Tag und habe mich im Büro verausgabt, und da komme ich nach Hause und finde diesen Saustall vor. Ich Arme, ich werde hier so mies behandelt. Man hört nicht auf mich und hält sich nicht daran, was wir abgesprochen haben!"* (Mit zynischer Stimme nachäffend:) *„Dabei mache immer alles richtig und bin so perfekt!"*

Zum Nachdenken
Wie würde ich mich an der Stelle von Sina fühlen? Wie würde ich mich verhalten? Was würde ich sagen, wie darauf reagieren?

Doch warum behandelt man den Partner, die Partnerin in einer solchen Weise? Ein Grund dafür kann sein, dass man sich in die Enge getrieben fühlt. Dies kann beispielsweise dann der Fall sein, wenn der

Partner, die Partnerin einem verbal und argumentatorisch überlegen ist, seine/ihre Kritik fundiert und differenziert zum Ausdruck bringt und einem keinen Ausweg lässt, das Ganze elegant vom Tisch zu wischen. Man wird gezwungen, sich mit der Kritik auseinanderzusetzen, sollte zuhören und an einer Lösung interessiert sein, da offenbar das eigene Verhalten Anlass zur Beanstandung gibt. Viele vertragen das nicht, fühlen sich angegriffen und gekränkt, wenn sie kritisiert werden, und reagieren feindselig darauf.

Auch bei der dominanten Kommunikation kann der Wunsch entstehen, den anderen in die Schranken zu weisen und sich etwas nicht bieten zu lassen, indem man laut und schulmeisterlich wird. Bei der verächtlichen Kommunikation geht man jedoch noch einen Schritt weiter. Mit verächtlicher Kommunikation möchte man den anderen dermaßen treffen, dass er/sie ruhig wird und der Streit endet. Und in der Tat, ist der Angriff massiv genug, bringt man den Partner, die Partnerin meist wirksam zum Schweigen – oder das Gespräch eskaliert weiter, wenn er/sie ebenfalls auf dieser Klaviatur zu spielen beginnt und genauso mit Abwertungen und Bloßstellungen reagiert.

Es ist schwer, dieser geballten Aggression, die der verächtlichen Kommunikation innewohnt, etwas Konstruktives entgegenzuhalten. Entweder greift der andere zum selben Mittel und beide demontieren sich gegenseitig, was oft in Gewalt mündet, oder der Konflikt wird abgewürgt.

Ein weiterer Grund für verächtliche Kommunikation kann sein, dass man sich innerlich vom Partner, von der Partnerin bereits zurückgezogen hat. Vieles an diesem Menschen beginnt einen zu stören, man merkt, wie man die Achtung vor ihm verliert und nur noch negative Eigenschaften wahrzunehmen beginnt. Die Haltung ihm gegenüber verändert sich in eine negative Richtung. Wo früher Respekt, Achtung und emotionale Nähe standen, fühlt man nun innere Kälte, Distanz und Ablehnung bis hin zu Ekel. Diese Haltung kommt in der abwertenden Kommunikation zum Ausdruck – ungefiltert und brutal.

Während man diese Kommunikationsform während der Verliebtheit kaum findet, nimmt sie meist im Verlauf der Beziehung zu, außer beide sind bereit, eine rote Linie nicht zu überschreiten.

Merke
Der verächtliche Konfliktstil gehört zu den schlimmsten und besonders zerstörerischen Formen der Paarkommunikation. Wenn er häufig auftritt, ist es ein ernst zu nehmendes Warnsignal, dass die Beziehung dem Abgrund entgegensteuert. Das Fundament der Partnerschaft ist erodiert, die Basis einer gesunden, respektvollen und tragenden Beziehung nicht mehr vorhanden. Es gilt, professionelle Unterstützung in Anspruch zu nehmen, um das Schlimmste abzuwenden.

Selbstevaluation Was trifft auf mich zu?	Trifft gar nicht zu					Trifft sehr zu
	0	1	2	3	4	5
Im Streit werte ich meinen Partner, meine Partnerin ab.	☐	☐	☐	☐	☐	☐
Ich sage ihm/ihr gemeine Dinge und versuche absichtlich, ihn/sie zu verletzen.	☐	☐	☐	☐	☐	☐
Ich mache meinen Partner, meine Partnerin lächerlich, karikiere sein/ihr Verhalten und verspotte seine/ihre Gefühle.	☐	☐	☐	☐	☐	☐
Ich demontiere meinen Partner, meine Partnerin, indem ich seine/ihre Schwächen bewusst ausspiele und ihn/sie kleinmache.	☐	☐	☐	☐	☐	☐
Wenn mein Partner, meine Partnerin etwas vorschlägt oder sich wünscht, verdrehe ich die Augen und gebe ihm/ihr so zu verstehen, dass ich das daneben finde.	☐	☐	☐	☐	☐	☐
Ich habe oft einen zynischen oder sarkastischen Tonfall, wenn ich mit meinem Partner, meiner Partnerin ein Konfliktthema bespreche.	☐	☐	☐	☐	☐	☐

Selbstevaluation Was trifft auf meinen Partner, meine Partnerin zu?	Trifft gar nicht zu					Trifft sehr zu
	0	1	2	3	4	5
Im Streit wertet mein Partner, meine Partnerin mich ab.	☐	☐	☐	☐	☐	☐
Er/sie sagt mir gemeine Dinge und versucht absichtlich, mich zu verletzen.	☐	☐	☐	☐	☐	☐
Mein Partner, meine Partnerin macht mich lächerlich, karikiert mein Verhalten und verspottet meine Gefühle.	☐	☐	☐	☐	☐	☐
Er/sie demontiert mich, indem er/sie meine Schwächen bewusst ausspielt und mich kleinmacht.	☐	☐	☐	☐	☐	☐
Wenn ich etwas vorschlage oder mir wünsche, verdreht er/sie die Augen und gibt mir so zu verstehen, dass er/sie das daneben findet.	☐	☐	☐	☐	☐	☐
Mein Partner, meine Partnerin hat oft einen zynischen oder sarkastischen Tonfall, wenn er/sie mit mir ein Konfliktthema bespricht.	☐	☐	☐	☐	☐	☐

Häufig äußert sich verächtliche Kommunikation auch in höhnischem Lachen. Lachen braucht jedoch nicht zwingend ein Zeichen von verächtlicher Kommunikation zu sein. Es gibt Menschen, welche in kritischen Situationen, beispielsweise wenn sie kritisiert oder in Frage gestellt werden, zu lachen beginnen. Es wird gelacht, obgleich das Thema eigentlich wichtig wäre und Lachen unangebracht ist. Für den Partner, die Partnerin ist dieses Lachen häufig schwer einzuordnen und verunsichernd. Es ist ein irritierendes Lachen. Erstaunlicherweise beginnt auf einmal auch der Partner, die Partnerin zu lachen, welche:r die Kritik aus einem Leidensdruck heraus vorgebracht hatte und dem/der überhaupt nicht zum Lachen ist. Die Situation wirkt bizarr bis verstörend. Warum wird gelacht, warum lachen auf einmal beide, wo es doch nichts zu lachen gibt?

Wenn in Konfliktsituationen gelacht wird, kann es sich um eine der folgenden Arten des Lachens handeln:

- Spannungslachen: Wenn die Anspannung sehr groß und die Situation sehr ernst ist, kann dies mit einer starken inneren Erregung einhergehen. Die Person fühlt sich enorm gestresst und die Situation ist ihr höchst unangenehm. Sie möchte ihr am liebsten möglichst rasch entkommen und die physiologische Stresserregung beenden. Lachen kann in dieser Situation als Ventil wirken und zum Spannungsabbau beitragen. Wenn auch der Partner, die Partnerin ins Lachen einsteigt, fühlt man sich erleichtert und sieht die Gefahr als gebannt. Das Problem ist nur, dass es eigentlich nichts zu lachen gibt und die wirklichen Probleme, nämlich das, was den Partner, die Partnerin stört, weiterhin nicht aus der Welt geräumt sind. Es kommt daher lediglich zu einem Aufschieben und Verzögern, doch zu keiner effektiven Problemlösung.
- Hysterisches Lachen: Wenn der Partner, die Partnerin einen kritisiert, ist dies unangenehm und für viele bedrohlich. Schließlich möchten wir lieber gelobt werden und Komplimente erhalten, als zu hören, dass man etwas falsch gemacht hat oder nicht genügt. Kritik löst daher häufig Enttäuschung, Frustration, Angst und Traurigkeit aus. Die Person fühlt sich durch die Kritik in die Enge getrieben, in Frage gestellt und befürchtet vielleicht sogar, dass der Partner, die Partnerin die Beziehung beenden möchte. Dieser starke innere Druck kann zu einem unkontrollierten Lachen führen, das häufig aus der Person herauszubrechen scheint (heftiges, wildes Lachen mit Tränen in den Augen, das kaum gestoppt werden kann). Dieses Lachen kann für die Person selbst unangenehm sein, da sie realisiert, wie unpassend das Lachen in dieser Situation ist und wie irritiert der Partner, die Partnerin darauf reagiert. Dies erhöht zusätzlich den Stress, wodurch es umso schwerer fällt, das Lachen in den Griff zu bekommen. Der Partner, die Partnerin fühlt sich verwirrt, nicht ernst genommen oder verspottet.
- Höhnisches Lachen: Dieses Lachen wird bewusst eingesetzt, um den Partner, die Partnerin herabzusetzen, zu entwürdigen und zu verletzen. Dieses Lachen ist eine Form der abwertenden, verächtlichen Kommunikation. Wenn man Opfer eines höhnischen Lachens wird, fühlt man sich unweigerlich abgelehnt, in Frage gestellt und weiß häufig nicht mehr weiter.

Zum Nachdenken

Habe ich diese Formen des Lachens auch schon erlebt? Bei mir selbst oder bei meinem Partner, meiner Partnerin? Haben wir schon gelacht, obgleich es nichts zu lachen gab und wir eigentlich ernst, traurig oder resigniert waren?

Provokative Kommunikation

Die provokative Kommunikation gehört, wie die verächtliche Kommunikation, zu den besonders schädlichen Kommunikationsformen während eines Streits. Sie stellt eine hochdestruktive Form dar und geht mit einer niedrigeren Beziehungszufriedenheit und einem höheren Scheidungsrisiko einher.[24]

Diese Form der Kommunikation ist charakterisiert durch folgende Merkmale:

- Es werden unbeantwortbare Fragen gestellt. Man stellt dem Partner, der Partnerin Fragen, von denen man weiß, dass er/sie diese nicht beantworten kann und dies höchst unangenehm und entblößend ist.
- Es wird Wissen über Schwächen des Partners, der Partnerin fies ausgespielt, dies jedoch nicht auf verächtliche Art wie bei der verächtlichen Kommunikation, sondern in provokativer, vermeintlich fragender Weise.
- Man versucht, den Partner, die Partnerin durch Provokation mundtot zu machen.
- Man signalisiert Überlegenheit und die Fähigkeit, den anderen jederzeit fertigmachen zu können.

Beispiele für provokative Kommunikation

Partner:in A weiß sehr wohl, dass Partner:in B Mühe mit Karin hat, diese als unfaire Konkurrentin empfindet und sich daran stört, dass sie mit A bei jeder Gelegenheit gleich schamlos flirtet und A darauf einsteigt. Partner:in B hat daher schon mehrfach signalisiert, dass es ihr unangenehm ist, ja dass sie Angst hat, wenn A sich mit ihr trifft. Es verletze B. Als A nun ankündigt, heute Abend mit Karin auszugehen, schaut Partner:in B ihn/sie irritiert und fragend an. Partner:in A antwortet: „Natürlich gehe ich heute Abend mit Karin aus, das stört dich doch nicht etwa, oder?!"

Weitere Beispiele:

- „Haben wir nur geheiratet, damit du mich jeden Tag mit deinem Gezicke nervst?!"
- „Kann man in diesem Haus nicht auch mal eine Minute einfach ruhig dasitzen?!"
- „Schau dich doch an, soll das ein Mann sein?!"
- „Wer bist du denn schon, he?!"
- „Ist das alles, was du zu bieten hast?!"
- „Super, kann man deine Empathie noch toppen?!"

Typisch für provokative Kommunikation ist die vermeintliche Frage, die nicht als eine Frage gestellt ist, auf die man antworten könnte. Die Frage ist eine reine Provokation.

Die provokative Kommunikation unterminiert gegenseitiges Vertrauen und zerstört Nähe, Geborgenheit und emotionale Sicherheit. Man weiß nie, wann man angegriffen und fertiggemacht wird, welches eigene Verhalten zu dieser Reaktion des Partners, der Partnerin geführt hat, und lebt in konstanter Anspannung und Einschüchterung. Häufige Provokation ist ein Zeichen dafür, dass diese Partnerschaft keine positive Substanz mehr hat. Wer so mit dem Partner, der Partnerin umgeht, empfindet keinen Respekt, keine Achtung, Zuneigung und Liebe mehr.

Beispiel

Bert schreibt Claudia um 18 Uhr eine SMS, dass er etwas später nach Hause komme. Er würde noch mit einem Kollegen ein Bier trinken gehen. Da sie erst jüngst ihr zweites Kind bekommen haben, ist Claudia wenig erfreut über diese Nachricht. Sie hätte sich gerne mehr Unterstützung von Bert gewünscht, dass er den Kleinen übernimmt und sie entlastet. Sie hat ihm in den letzten Wochen mehrfach geklagt, dass sie die Nächte nie durchschlafen könne und erschöpft sei. Dass Bert nicht mehr Rücksicht auf sie nimmt und nicht mehr zupackt, enttäuscht und frustriert sie.

Claudia schläft schlecht, einerseits wegen des Kleinen, andererseits, weil sie sich Sorgen macht, als Bert nicht nach Hause kommt. Sie versucht mehrfach, ihn auf seinem Handy zu erreichen – erfolglos, er geht nicht dran. Endlich kommt er um 4 Uhr in der Früh nach Hause. Claudia steht auf und stellt ihn zur Rede, wo er denn so lange gewesen sei, warum er sie nicht informiert habe, was das denn solle, ob er fremdgegangen sei?

Bert schaut sie mitleidig an und antwortet: „Sag mal, muss ich dir eigentlich über jede Minute meines Lebens Rechenschaft ablegen und dir haarklein sagen, wo und mit wem ich sie verbringe?!"

Claudia bricht in einen Weinkrampf aus.

Merke
Provokative Kommunikation ist eine besonders hässliche Form der verbal-aggressiven Kommunikation. Sie ist zerstörerisch und richtet langfristigen Schaden an. Wer so behandelt wird, fühlt sich wertlos, zurückgestoßen und gehasst. Wenn Respekt, Achtung und Rücksichtnahme dermaßen fehlen, hat die Partnerschaft keine Zukunft mehr und hat nichts mehr mit einer Liebesbeziehung zu tun. Provokative Kommunikation hat nichts in einer Paarbeziehung verloren. Sie stellt den Übergang zur psychischen oder verbalen Gewalt dar.

Selbstevaluation **Was trifft auf mich zu?**	**Trifft gar nicht zu**					**Trifft sehr zu**
	0	**1**	**2**	**3**	**4**	**5**
Bei Konflikten mit meinem Partner, meiner Partnerin werde ich rasch provokativ.	☐	☐	☐	☐	☐	☐
Ich spiele Schwächen meines Partners, meiner Partnerin aus und führe ihm/ihr diese bewusst vor Augen.	☐	☐	☐	☐	☐	☐
Ich signalisiere meinem Partner, meiner Partnerin meine Überlegenheit und gehe auf seine/ihre Gefühle und Argumente nicht ein.	☐	☐	☐	☐	☐	☐
Ich demontiere meinen Partner, meine Partnerin, indem ich seine/ihre Schwächen bewusst ausspiele und ihn/sie kleinmache.	☐	☐	☐	☐	☐	☐

Selbstevaluation Was trifft auf mich zu?	Trifft gar nicht zu					Trifft sehr zu
	0	1	2	3	4	5
Ich hinterfrage die Beziehung, um meinen Partner, meine Partnerin zu verunsichern und zum Einlenken zu zwingen.	☐	☐	☐	☐	☐	☐
Ich mag es, meinen Partner, meine Partnerin mit einer Provokation mundtot zu machen.	☐	☐	☐	☐	☐	☐

Selbstevaluation Was trifft auf meinen Partner, meine Partnerin zu?	Trifft gar nicht zu					Trifft sehr zu
	0	1	2	3	4	5
Bei Konflikten mit mir wird mein Partner, meine Partnerin rasch provokativ.	☐	☐	☐	☐	☐	☐
Er/sie spielt meine Schwächen aus und führt mir diese bewusst vor Augen.	☐	☐	☐	☐	☐	☐
Er/sie signalisiert mir seine Überlegenheit und geht auf meine Gefühle und Argumente nicht ein.	☐	☐	☐	☐	☐	☐
Er/sie demontiert mich, indem er/sie meine Schwächen bewusst ausspielt und mich kleinmacht.	☐	☐	☐	☐	☐	☐
Er/sie hinterfragt die Beziehung, um mich zu verunsichern und zum Einlenken zu zwingen.	☐	☐	☐	☐	☐	☐
Er/sie mag es, mich mit einer Provokation mundtot zu machen.	☐	☐	☐	☐	☐	☐

Rückzug

Seit Konfliktgespräche in der Partnerschaftsforschung analysiert wurden, fiel immer wieder auf, dass insbesondere Männer sich nach einer gewissen Zeit aus dem Gespräch „verabschieden". Dies insbesondere dann, wenn die Konfliktdynamik aufgeheizt und das Konfliktgespräch laut und hitzig und die Partnerin oder der Partner fordernd oder dominant wird. Viele Männer zeigen in dieser Situation bizarres Verhalten, indem sie die Fingernägel betrachten, sich am Hinterkopf kratzen, zum Fenster hinausblicken oder desinteressiert an die Decke starren. Dieses Verhalten, welches man Rückzug nennt (im Englischen *stonewalling*, d.h. Mauern) provoziert verständlicherweise, da man sich nicht ernst genommen und abserviert fühlt. „So hör mir doch jetzt zu!" ist eine typische Reaktion des Partners, der Partnerin auf dieses Rückzugsverhalten.

Viele Forschende gingen über Jahrzehnte der Frage nach, wie dieses sonderbare Verhalten zu erklären sei. Einige nahmen an, dass es sich um eine männliche Machtdemonstration handle, andere spekulierten über familiäre Gründe, Persönlichkeitsmerkmale oder brachten Autismus ins Spiel.

Erst die Forschung um Professor John Gottman aus den USA konnte das Geheimnis lüften. Er war der Erste, der Paare in Konfliktgesprächen nicht nur systematisch beobachtete, sondern gleichzeitig auch physiologische Messungen vornahm.[25] Dabei stellte er etwas Bemerkenswertes fest: Während des Rückzugsverhaltens waren die Männer physiologisch am stärksten erregt. Ihr Puls raste, ihr Blutdruck war stark erhöht. Sie zeigten deutliche Anzeichen von starkem Stresserleben. Und daraus zog er eine spannende Schlussfolgerung: Die Männer, die auf die verbalen Attacken der Frauen mit Rückzug reagierten, schienen in einem Zustand des Blackouts zu sein. Sie realisierten, dass die Partnerin ihnen verbal und argumentatorisch überlegen war. Sie fühlten sich in die Enge getrieben. Ihnen gingen gute Gegenargumente aus und sie fühlten sich ausgeliefert und hilflos („Was kann ich noch dagegenhalten? Wie kann ich mich verteidigen? Wie komme ich heil aus dieser Situation heraus?"). Je länger die Frau den Mann verbal in die Mangel nahm, desto aversiver erlebten die Männer die Situation und verfielen auf einmal in sogenannte „Leerlaufhandlungen", wie man sie bei gestressten Tieren beobachten kann. Was auf den ersten Blick als Desinteresse daherkommt und den Eindruck erweckt, dass der Mann mit seinem unangebrachten Verhalten (Fingernägel betrachten oder im Raum herumblicken, während man mit ihm spricht) die Partnerin ins Leere laufen lassen will, erweist sich in Wirklichkeit als nicht mehr kontrollierbare Stressreaktion. Unfähig, logisch und stringent zu denken und in der verbalen Auseinandersetzung mitzuhalten, bricht der Mann ein und zieht sich innerlich zurück, um sich zu schützen. Er mauert nach außen und signalisiert damit, dass ihm alles zu viel wird, dass man ihn in Ruhe lassen soll.

Da diese Signale meist vom Partner, von der Partnerin falsch interpretiert werden (als Affront und nicht als Hilfeschrei), steigert er/sie die Negativität weiter, bis sich der Mann völlig ausklinkt. Dabei ist der Rückzug keine willentliche Verhaltensweise, sondern eine physiologisch bedingte Überreaktion auf massiv erlebten Überforderungsstress.

Aufgrund dieser hochnegativen Erfahrung vermeiden Männer künftig aktiv Konflikte, gehen ihnen bereits im Vorfeld aus dem Weg, um diese negative Erfahrung nicht zu wiederholen. Sobald sie sehen, dass „nicht gut Kirschen essen" ist, verlassen sie vorschnell den Raum, engagieren sich immer stärker außerhalb des Hauses (im Beruf, in Politik und Freizeitaktivitäten) und meiden möglichst den Partner, die Partnerin. Dadurch kommt es zu einer fortschreitenden Konfliktvermeidung, wodurch Störendes nicht mehr angesprochen und bewältigt werden kann.

Insgesamt kann man den Prozess des Rückzugs in vier Phasen beschreiben:[26]

Phase	Frau	Mann
1. Phase: Konfliktgespräch	Konflikt mit heftiger verbaler Auseinandersetzung und argumentatorischer und rhetorischer Überlegenheit der Frau.	Der Mann fühlt sich in die Enge getrieben, reagiert mit starker physiologischer Erregung, einem blackout-ähnlichen Zustand und Mauern.
2. Phase: aktive Konfliktvermeidung	Die Frau sucht weiterhin die Auseinandersetzung und möchte Störendes ansprechen und Lösungen finden.	Der Mann vermeidet aktiv Konfliktsituationen und geht ihnen bewusst aus dem Weg, um die negative Erfahrung nicht nochmals zu erleben.

Phase	Frau	Mann
3. Phase: Ernüchterung und Rückzug der Frau	Nach einer Weile setzen Frustration und Resignation ein. Die Frau beginnt, sich zurückzuziehen, und verliert das Interesse an einer Problemlösung.	Der Rückzug der Frau beunruhigt den Mann, der nun seinerseits das Gespräch sucht.
4. Phase: Ende der Beziehung	Die Frau hat keine Lust und keine Kraft mehr, zieht sich zurück. Häufig kommt es in der Folge zur Trennung.	Der Mann bemüht sich nun vergeblich um eine Rettung der Partnerschaft, was jedoch in den meisten Fällen aussichtslos ist.

Der Rückzug ist daher alles andere als trivial, sondern ein ernst zu nehmender Vorbote für die Abwendung der Partnerin und eine drohende Trennung oder Scheidung.

Neben dem beschriebenen Rückzug kann es in diesen Situationen, in denen der bedrängte Partner, die bedrängte Partnerin physiologisch hoch erregt ist und sich in die Enge getrieben fühlt, auch zu Gewalt kommen. Gewalt im Zuge einer starken Erregung, gekoppelt mit Gefühlen von starker Aggression, Wut und Hilflosigkeit sowie einer fehlenden oder nicht ausreichenden Impulskontrolle, kann anstelle von Mauern auftreten. Auch wenn Rückzug statistisch häufiger bei Männern vorkommt, ist diese Reaktion auch bei Frauen zu beobachten.

Zum Nachdenken

Kenne ich diesen Rückzug von mir selbst? Wie erlebe ich es, wenn ich vom Partner, von der Partnerin verbal in die Mangel genommen werde? Spüre ich da ebenfalls eine starke physiologische Erregung?

Habe ich bereits unter dem Rückzug seitens meines Partners, meiner Partnerin gelitten?

Wie komme ich aus diesem Rückzug heraus? Wie schaffe ich es, den Partner, die Partnerin aus dem Rückzug herauszuholen? Was haben wir bisher versucht? Was war erfolgreich?

Während einige Personen zu einzelnen spezifischen dieser Kommunikationsformen neigen und diese insbesondere zeigen, kommt es bei anderen im Verlauf eines Konfliktgesprächs zur Anwendung verschiedener verbal-aggressiver Kommunikationsformen. Oftmals findet man eine Abwärtsspirale, bei der immer negativere Verhaltensweisen ins Spiel kommen.

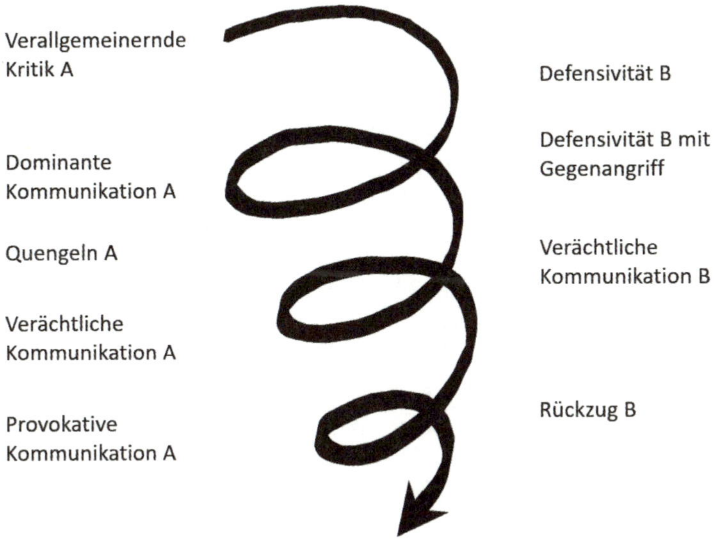

Abbildung 3: Abwärtsspirale der Negativität

Beispiel

Nina: „Was soll das? Sag mal, spinnst du? Du weißt doch genau, dass ich am Wochenende niemanden einladen mag, also komm mir nicht damit, dass wir deine Freunde schon lange nicht mehr eingeladen haben."

Samuel: „Ich dachte doch nur … Schließlich ist es schon lange her, seit ich sie das letzte Mal gesehen habe, und ich hätte Lust, sie mal wieder einzuladen. Das ist doch legitim, nicht?"

Nina: „Dann triff sie in einer Kneipe! Ich brauche das Wochenende zur Erholung. Da kann und will ich nicht Gäste bekochen. Etwas mehr Verständnis könntest du schon haben! Aber nein, das übersteigt deine Empathiefähigkeit. Aber natürlich, wie konnte ich von dir Verständnis erwarten!"

Samuel: „Aber …“

Nina: „Nichts aber! Mit dir ist es immer dasselbe. Du siehst nur deine Sicht, verkommst immer mehr zu einem Autisten und blöden Egoisten.“

Samuel antwortet nicht, schaut Nina hilflos an. Er blickt im Raum herum.

Nina: „Hört der Herr mir überhaupt noch zu oder ist er wie immer wieder mit sich selbst beschäftigt?“

Analyse

Schreiben Sie auf, welche verbal-aggressiven Kommunikationsformen Nina und welche Samuel in diesem Konfliktgespräch zeigen.

Meine Analyse des Beispiels:

Nina: „Was soll das? Sag mal, spinnst du? Du weißt doch genau, dass ich am Wochenende niemanden einladen mag, also komm mir nicht damit, dass wir deine Freunde schon lange nicht mehr eingeladen haben.“ *(Konkrete Kritik: Auch wenn Nina gleich heftig zur Sache geht und Samuel bereits mit dem ersten Satz in die Mangel nimmt, macht sie keine verallgemeinernde Kritik, da sie die Du-Botschaft nicht mit „immer“ oder „nie“ verbindet.)*

Samuel: „Ich dachte doch nur … Schließlich ist es schon lange her, seit ich sie das letzte Mal gesehen habe, und ich hätte Lust, sie mal wieder einzuladen.“ *(Defensivität: Samuel reagiert eingeschüchtert und verteidigt sich, geht dann in eine Selbstöffnung über und schildert sein Bedürfnis.)*

Nina: „Dann triff sie in einer Kneipe! Ich brauche das Wochenende zur Erholung. Da kann und will ich nicht Gäste bekochen.“ *(Dominante Kommunikation: Nina stellt klar, dass das nicht in Frage kommt und es nichts zu diskutieren gibt.)*

Nina: „Etwas mehr Verständnis könntest du schon haben! Aber nein, das übersteigt deine Empathiefähigkeit.“ *(Verallgemeinernde Kritik mit negativer Persönlichkeitszuschreibung: Nina greift Samuel frontal an und demontiert ihn, wirft ihm mangelnde Empathiefähigkeit vor.)*

Nina: „Aber natürlich, wie konnte ich von dir Verständnis erwarten!“ *(Verächtliche Kommunikation: Sie doppelt nach und gibt Samuel zu verstehen, dass bei ihm Hopfen und Malz verloren ist.)*

Samuel: „Aber …" *(Defensivität: Samuel möchte sich rechtfertigen, kommt aber nicht dazu, Nina fällt ihm ins Wort.)*

Nina: „Nichts aber! Mit dir ist es immer dasselbe. Du siehst nur deine Sicht, verkommst immer mehr zu einem Autisten und blöden Egoisten." *(Verallgemeinernde Kritik und verächtliche Kommunikation: Nina beginnt, Samuel negative Persönlichkeitsmerkmale zu unterstellen und tituliert ihn als Autisten und Egoisten, womit sie ihn in seiner Person abwertet.)*

Samuel antwortet nicht, schaut Nina hilflos an und blickt im Raum herum. (*Rückzug: Samuel realisiert, dass er Nina nichts entgegenhalten kann, sie attackiert ihn zu heftig und er geht in den Rückzug.)*

Nina: „Hört der Herr mir überhaupt zu oder ist er wie immer wieder mit sich beschäftigt?" *(Provokative Kommunikation: Sie stellt ihm eine unbeantwortbare Frage.)*

Merke

Im Verlauf eines Konfliktgesprächs kommen verschiedene destruktive Verhaltensweisen zum Einsatz. Wenn es den Partner:innen nicht gelingt, aus der Negativität auszubrechen, werden immer schlimmere Kommunikationsfehler begangen und die Situation spitzt sich bis hin zur Eskalation zu.

Gewaltsamer Konfliktstil

Gewalt bei Paaren hat viele Gesichter – und sie ist relativ häufig, wenn man bereits leichte Formen der Gewalt dazu zählt (wie Schubsen oder Stoßen).

Wissenswertes aus der Forschung

Die Häufigkeit von Gewalt ist relativ schwer zuverlässig zu erfassen, entsprechend gibt es eine hohe Dunkelziffer. Eine neuere europäische Studie geht von einer Häufigkeit von psychischer Gewalt von 26%, physischer Gewalt von 9% und sexueller Gewalt von 4% bei Paaren in der aktuellen Beziehung aus.[27]

Andere Studien zeigen, dass rund ein Drittel oder mehr der heterosexuellen, homosexuellen und bisexuellen Paare irgendwann in einer intimen Beziehung körperliche Gewalt erfährt (Lebenszeitprävalenz).[28]

In der Regel werden die folgenden fünf Formen von Gewalt in Paarbeziehungen unterschieden:

Gewaltform	Verhaltensweisen
Physische Gewalt *(Verletzung der physischen Integrität)*	schubsen, stoßen, schütteln, anspucken, an den Haaren ziehen, treten, schlagen, würgen, beißen, mit Gegenständen oder Waffen bedrohen oder verletzen, verbrühen, verbrennen etc.
Psychische oder verbale Gewalt *(Verletzung der psychischen Integrität)*	Einschüchterung, Demütigung, Erniedrigung, Bloßstellung, Herabsetzung, Nötigung, Drohungen, Verunglimpfung, Verleumdung, penetrantes Nachstellen (Stalking), Cybermobbing, Freiheitsberaubung oder Einschränkung sozialer Kontakte bzw. von Aktivitäten
Sexuelle Gewalt *(Verletzung der sexuellen Integrität)*	sexuelle Belästigung oder Nötigung, sexuelle Übergriffe, Vergewaltigung, Zwang zur Prostitution, Zwang zu Sexualpraktiken, welche der/die andere nicht möchte

Gewaltform	Verhaltensweisen
Ökonomische Gewalt *(Ausbeutung oder Einschränkung)*	Beschlagnahmung von Einkünften des Partners, der Partnerin, Ausnutzung der finanziellen Abhängigkeit des/der anderen, Verbot, arbeiten zu gehen, oder Zwang zum Arbeiten
Vernachlässigung *(Verletzung der Fürsorge und emotionalen Bindung)*	wiederholte oder andauernde emotionale oder fürsorgliche Unterlassungen bei einem abhängigen Partner, einer abhängigen Partnerin (z.B. aufgrund von Behinderung, Alter, psychischem Befinden)

Beispiele

- Beispiel 1: Herr M. hat immer wieder Gewaltdurchbrüche, wenn er eifersüchtig ist. Jüngst hatte er wieder das Gefühl, dass seine Frau einem Fremden schöne Augen machte und dessen Komplimente nicht klar und unmissverständlich zurückwies. Sie hätte sich anzüglich verhalten, und fast wäre es zu einem Seitensprung gekommen, meint er. Abends kommt es zu einem wüsten Streit und Herr M. schreit seine Frau an, bezeichnet sie als Schlampe und demütigt sie mit unangemessenen Vergleichen und Beschimpfungen. Er droht, sie zu verlassen oder sich umzubringen, wenn sie ihn weiterhin betrüge.
- Beispiel 2: Herr K. ist seit 25 Jahren mit seiner Frau verheiratet. Sie haben drei erwachsene Kinder. Sexuell steht er seit einigen Jahren auf Gruppensex und Natursektspiele und fordert von seiner Frau, dass sie ihn in Swingerclubs oder zu privaten Treffen mit fremden Paaren oder Frauen begleitet und bei seinen sexuellen Wünschen mitmacht. Sie widert diese Form der Sexualität an. Um ihn nicht zu verlieren, macht sie mit.
- Beispiel 3: Ulla erblickt auf dem Handy ihrer Partnerin Rea vertrauliche SMS mit einer fremden Frau, von der sie nichts wusste. Sie stellt sie zur Rede und ist sehr aufgebracht und außer sich. Ihre Partnerin wiegelt ab und meint, dass das ein harmloser Chat sei, der nichts zu bedeuten habe. Ulla liest die SMS emotional und laut vor und wirft ihrer Partnerin vor, sie zu betrügen, und wird sehr heftig. Im Streit schubst sie Rea und wirft ihr ein Buch nach, das auf dem Tisch lag. Rea wird ihrerseits wütend und brüllt sie an, sie lasse sich so nicht behandeln. Sie habe kein Recht, ihr Handy zu

kontrollieren und ihr solche Geschichten zu unterstellen. Sie hätte die Schnauze voll von ihrem Misstrauen. Sie geraten aneinander und es kommt zum Handgemenge.

- Beispiel 4: Narisara lebt mit ihrem Mann Michael seit fünf Jahren in Deutschland. Sie hatten sich in Thailand kennengelernt, als Michael dort Urlaub machte. Sie verständigen sich auf Englisch. Michael möchte nicht, dass sie Deutsch lernt, und verbietet ihr auch, arbeiten zu gehen. Sie hätte es gut bei ihm, und es wäre dumm, ein Zusatzeinkommen zu haben und noch mehr Steuern zu bezahlen. Narisara fühlt sich zu Hause einsam, würde gerne einer Tätigkeit nachgehen und ihr eigenes Geld verdienen. In Thailand hatte sie als gelernte Schneiderin gearbeitet. Sie hatte von einer Kollegin gehört, dass man auch hier in diesem Beruf gut arbeiten könne, und wünscht sich finanzielle Unabhängigkeit. Sie bittet Michael und klagt ihm, dass sie gerne mehr aus dem Haus gehen würde, doch Michael verbietet es.

Analyse
Ordnen Sie die vier Beispiele den vier Gewaltformen zu. Welches Beispiel steht für welche Gewaltform?

Auflösung
Beispiel 1: Psychische Gewalt
Beispiel 2: Sexuelle Gewalt
Beispiel 3: Physische Gewalt
Beispiel 4: Ökonomische und psychische Gewalt

Gewalt liegt auf dem Kontinuum der Negativität am Ende der Skala; es ist die schlimmste Form der Negativität. Obgleich leichtere Formen der physischen Gewalt (Schubsen, Stoßen) oder verbalen Gewalt (Abwertungen, Erniedrigungen, Bloßstellungen) bei Paaren relativ häufig sind, stellen sie diese oft vor eine Zerreißprobe. Gewalt und Liebe sind inkompatibel. Man kann sich einer Person nicht anvertrauen, sich bei ihr fallen lassen und Geborgenheit und Nähe finden, bei der man sich nicht sicher fühlt und nie weiß, wann man Opfer von Aggression und Gewalt wird. Gewalterfahrungen verunmöglichen eine sichere, gesunde Bindung zum Partner, zur Partnerin.

Wie erwähnt, können bereits die verächtliche Kommunikation oder die provokative Kommunikation als Vorformen von psychischer Gewalt gewertet werden. Natürlich ist man noch nicht gleich ein psychisch gewalttätiger Partner, wenn einem mal eine abwertende Bemerkung über die Lippen kommt. Aber bei häufiger Abwertung des Partners, der Partnerin oder wenn bewusste fiese Abwertungen, absichtliche Erniedrigungen oder Bloßstellungen zur Regel werden und Respektlosigkeit gegenüber dem/der anderen zur Normalität wird, ist der erste Schritt zu psychischer Gewalt in der Beziehung getan.

Folgende Charakteristika kennzeichnen verbale oder psychische Gewalt:

- Selbstwert von Partner:in demolieren (Beleidigungen, Abwertungen, Beschimpfungen, Diffamierungen, Demütigungen).
- Partner:in Angst machen (nach einem Streit nicht nach Hause kommen, mit brausendem Motor nach einem Streit wegfahren).
- Drohungen aussprechen (Drohungen mit Selbstmord oder Drohungen, dem Partner, der Partnerin, den Kindern oder Haustieren Leid anzutun, um den anderen einzuschüchtern, gefügig zu machen oder zu erpressen).
- Partner:in terrorisieren (penetrante Anrufe, dem Partner, der Partnerin nachstellen, ihn/sie bespitzeln).
- Freiheitsberaubung (den Partner, die Partnerin von sozialen Kontakten abschneiden, ihn/sie isolieren, einschließen, ihm/ihr Kontakte verbieten).
- Massiver Liebesentzug (über längere Zeit den Partner, die Partnerin links liegen lassen und ignorieren, ihm/ihr gegenüber über längere Zeit emotionale Kälte und Ablehnung zeigen, den Partner, die Partnerin emotional vernachlässigen).
- Bewusste emotionale Verletzungen (Fremdgehen, Dinge zerstören, welche dem Partner, der Partnerin wichtig sind, und ihn/sie auf diese Weise verletzen).
- Erzeugung von schweren Schuldgefühlen (indem dem Partner, der Partnerin ungerechtfertigte schwere Vorwürfe gemacht werden und diese penetrant wiederholt werden).

In rund der Hälfte der Fälle ist Gewalt bei Paaren ein sogenanntes „dyadisches Phänomen“[29]. Das Paar schaukelt sich gegenseitig in eine zunehmend stärkere Negativität hinein (dominante Kommunikation, verächtliche Kommunikation, provokative Kommunikation), welche schließlich eskaliert und in Gewalt gipfelt. Dabei kommen zuerst meist leichtere Formen der Gewalt ins Spiel. Der eine Partner, die eine Partnerin nähert sich unangenehm nah der anderen Person und baut sich bedrohlich vor ihr auf. Es kommt zu unangenehmen Berührungen, begleitet mit wildem Gestikulieren, drohenden Gebärden und Anschreien. Einer beginnt zu schubsen, den anderen brüsk wegzustoßen. Beim erneuten Zunahekommen wird heftiger zurückgestoßen, dazu geschrien, geflucht, gedroht. Schließlich gelangt die körperliche Gewalt in eine nächste Runde. Es wird gerungen, an den Haaren gezerrt, gespuckt. Die Schwelle zu gröberer Gewalt (schlagen, an die Wand oder zu Boden drücken, würgen) ist in diesem Stadium leicht überschritten. In der aufgeheizten Dynamik kommt es zu einem Entgleisen und harter Gewalt, wobei jemand zu Schaden kommt. Meist sind es die Frauen, die körperlichen Schaden nehmen (z.B. Blutergüsse, Prellungen, Knochenbrüche, Hirnerschütterung) und deren Gewalterfahrung aktenkundig wird. So ist körperliche Gewalt, welche in Polizeirapporten und Krankenhausakten festgehalten wird oder zur Aufnahme in ein Frauenhaus führt, in aller Regel männliche Gewalt gegenüber Frauen.

Wissenswertes aus der Forschung

Brutale Gewalt, die zu körperlichen Verletzungen führt, welche in Spitälern oder Arztpraxen behandelt werden müssen oder zu Polizeieinsätzen führen, ist in der Regel männliche Gewalt.[30] In 62 % der aktenkundigen Fälle harter körperlicher Gewalt wird diese vom Mann ausgeübt.[31]

Im Zuge von gewaltsamen Interaktionen werden rund 41 % der Frauen verletzt (im Gegensatz zu 14 % der Männer).[32] In Deutschland sind es pro Jahr mehr als hundert Frauen, die vom aktuellen oder einem Expartner getötet werden.[33]

Verbale Gewalt und körperliche Gewalt gehen dabei oft Hand in Hand.[34] Der eine Partner, die eine Partnerin macht den anderen verbal fertig (z.B.: „Was bist du für ein Waschlappen, so was will ein Mann sein! Du jämmerlicher Versager!"), der andere fühlt sich massiv angegriffen, persönlich beleidigt und gedemütigt und hält zuerst verbal dagegen (verbale Gegenattacken), dann brennen auf einmal die Sicherungen durch und es kommt zu körperlicher Gewalt.

Gewalt bei Paaren ist wie ein Damm, der bricht. Ist er einmal gebrochen, ist das Vertrauen nachhaltig ruiniert. Man traut dem anderen nicht mehr, fühlt Beklemmung in seiner Gegenwart und befürchtet einen erneuten Ausraster, sobald Spannungen aufkommen. Es schleicht sich Angst ein, welche der Beziehung die Grundlage raubt. Einerseits hemmt diese Angst die Konflikte, da man kein Öl ins Feuer gießen möchte und lieber ruhig bleibt, als erneut Opfer von Gewalt zu werden, andererseits unterhöhlt die Angst die Beziehungsqualität.

Merke
Bereits einmalige Gewalt zerstört die Intimität und Nähe, das Gefühl von Geborgenheit und Liebe. Das Paar ist auch nach „nur" einmaliger Gewalt nie mehr dasselbe. Gewalt reißt einen tiefen Riss zwischen die Partner:innen, der häufig unüberwindbar ist.

Sowohl die Person, die Gewalt erfahren hat, als auch die andere, welche gewalttätig war, leiden in der Regel beide unter dem Vorgefallenen. Die Person, welche Gewalt erfahren hat, fühlt sich herabgesetzt, gedemütigt und empfindet Abscheu, Ekel oder Angst. Die gewalttätige Person empfindet häufig Scham, Schuldgefühle, Reue und Hilflosigkeit. Beide sind verunsichert, aufgewühlt und traurig, dass es zu Gewalt gekommen ist.

Dass Gewalt häufig ein Aufschaukelungsprozess ist, zu dem beide in der beschriebenen Weise beigetragen haben, hilft wenig, um einmal stattgefundene Gewalt in einem neuen Licht zu sehen oder vergessen zu machen.

Wissenswertes aus der Forschung
Es können zwei Typen von gewalttätigen Partner:innen unterschieden werden. Beim häufigeren Typ, der sogenannten Typ-II-Gewalt, kommt es zu Gewalt infolge einer stark aufgeheizten Stimmung und einer hohen physiologischen Erregung.

Diese Personen steigern sich in eine rasende Wut hinein, verlieren die Kontrolle über sich und ihr Verhalten und klinken aus. Anschließend tut ihnen die Gewalt leid und sie verspüren Scham und Schuld. Beim selteneren Typ, der sogenannten Typ-I-Gewalt, handelt es sich um Menschen, welche kaltblütig Gewalt zeigen, keine Reue, Schuld oder Scham zeigen und kein Mitgefühl haben. Sie schlagen rücksichtslos und gefühllos zu und haben keine Einsicht, dass sie etwas Unrechtmäßiges getan haben.[35]

Gewalt bei Paaren wird durch gewisse Persönlichkeitsmerkmale (hohe Ärgerlichkeit und Aggressivität), bejahende Einstellungen gegenüber Gewalt, Stress und Überlastung, Eifersucht oder Alkohol- und Drogenkonsum begünstigt.[36]

Konstruktiver Konfliktstil

Nachdem eine Reihe von negativen Kommunikationsformen und -stilen dargestellt wurde, gehen wir nachfolgend auf eine konstruktive Konfliktführung ein. Zu einem konstruktiven Konfliktstil gehören Verhaltensweisen des/der Sprechenden sowie des/der Zuhörenden.

Seitens des/der Sprechenden bemüht man sich um einen angenehmen Tonfall („le ton fait la musique" / „Der Ton macht die Musik"), man ist dem Partner, der Partnerin in der Körperhaltung zugewandt und versucht, trotz Kritik eine positive Mimik und Gestik zu zeigen. So finden selbst während des Konflikts positive Berührungen statt (z.B. liebevoll an den Arm greifen, neckisch anstupsen, die Hand aufs Knie legen, lachen etc.). Störendes wird offen angesprochen und in konkreter Kritik oder emotionaler Selbstöffnung geäußert (siehe weiter unten).

Der/die Zuhörende versucht, die Sicht des Partners / der Partnerin zu verstehen, offen und interessiert nachzufragen, auf ihn/sie einzugehen und sich zu bemühen, die Argumente des Gegenübers nachzuvollziehen und offene, klärende Fragen zu stellen, um einen besseren Einblick in das zu erhalten, was der Partner, die Partnerin meint. Er/sie signalisiert Interesse und Verständnis. Während des Konflikts werden Wohlwollen, Offenheit und Wertschätzung gegenüber dem Partner, der Partnerin ausgedrückt.

Weiter ist beim konstruktiven Konfliktstil der Ausgang des Konflikts entscheidend. Das Paar sucht eine Lösung für das Problem und bekundet den Willen, sie umzusetzen. Man entschuldigt sich, wenn harsche Worte gefallen sind („Meine grobe Wortwahl vorhin war daneben, entschuldige. Ich kam etwas in Fahrt und fühlte mich angegriffen, da habe ich um mich geschlagen, das war unfair von mir und nicht so gemeint") und versöhnt sich. Während der gesamten Dauer des Konflikts ist eine positive Grundhaltung spürbar, und beide können sich darauf verlassen, dass der Konflikt nicht die Beziehung in Frage stellt, sondern es um die Lösung eines konkreten Problems geht. Ein weiteres Merkmal dieses Konfliktstils ist die Kompromissbereitschaft. Man sucht gemeinsam nach Lösungen, die fair und für beide stimmig sind.

Der konstruktive Konfliktstil ist zu Beginn einer Partnerschaft, insbesondere während der Verliebtheitsphase, die Regel. Man findet dieses wechselseitige Bemühen, diesen Wunsch, den anderen zu verstehen, seine/ihre Sicht zu würdigen und darauf einzugehen bei verliebten Paaren praktisch ohne Ausnahme. Je länger die Beziehung dauert, desto mehr nimmt diese Motivation ab und man beginnt, das Haar in der Suppe zu suchen.[37]

Beispiel

Bea: „Das ist jetzt nicht dein Ernst! Du weißt, dass die Gäste in fünfzehn Minuten kommen. Für eine Dusche bleibt keine Zeit!"

Wiebke: „Komm schon, eine kurze Dusche wird doch noch drin sein. Wir sind doch gut in der Zeit! Bleib ganz cool!"

Bea: „Was soll das heißen, bleib ganz cool! Wir sind überhaupt nicht gut im Zeitplan. Die Vorspeise muss noch angerichtet und der Auflauf in den Ofen geschoben werden. Auch mit dem Aufräumen im Wohnzimmer bin ich noch nicht fertig. Da wäre ich froh über deine Hilfe. Es stresst mich, wenn sie kommen und wir sind nicht bereit. Du weißt, dass deine Mutter pingelig ist und jedes Detail bemerkt, das wir nicht im Griff haben. Und wir wollen ihnen ja auch einen herzlichen Empfang bereiten, das ist mir wichtig."

Wiebke: „Okay, alles klar. Gut, dann räume ich mal das Wohnzimmer auf und helfe bei der Vorspeise. Wenn noch Zeit bleibt, gehe ich anschließend noch kurz duschen. Wenn sie kommen, kannst du ihnen ja sagen, dass ich erst spät nach Hause gekommen bin und mich noch frisch mache!"

Bea: „Okay, das passt, danke! So schaffen wir es."

Analyse

Arbeiten Sie heraus, was dazu führt, dass das Gespräch konstruktiv verläuft. Wer trägt dazu bei, mit welchem Verhalten?

Ihr Partner, Ihre Partnerin kann das Beispiel unabhängig von Ihnen ebenfalls durchgehen und sich Überlegungen machen. Tauschen Sie sich anschließend gemeinsam über Ihre Einschätzungen aus.

Meine Analyse des Beispiels: Die Idee von Wiebke, vor dem Eintreffen des Besuchs noch duschen zu gehen, stößt bei Bea auf wenig Gegenliebe. Sie wäre froh über Unterstützung und es stresst sie, dass die Gäste schon bald kommen und noch nicht alles bereit ist. Sie fährt Wiebke daher an („Das ist jetzt nicht dein Ernst!“) und macht ihr verdeckt einen Vorwurf („Du weißt, dass in fünfzehn Minuten die Gäste kommen“). Sie teilt ihr mit, dass sie ihr Verhalten nicht billigt: Es ist egoistisch, wenn du nun duschen gehst und ich dadurch Stress bekomme und alles allein vorbereiten muss. Sie sagt daher dominant: „Für eine Dusche bleibt keine Zeit!“ Wiebke reagiert darauf mit wenig Verständnis, sie möchte ihr Bedürfnis nach einer Dusche befriedigen und zeigt eine kurze verächtliche Äußerung, indem sie Bea und ihr Erleben abwertet: „Bleib ganz cool!“ Damit teilt sie ihr mit, sie solle mal nicht hysterisch werden und die Situation nicht dramatisieren, es sei alles unter Kontrolle.

Diese Formulierung von Wiebke würde bei vielen Paaren ausreichen, um dem Gespräch eine destruktive Wende zu geben. Leicht könnten die beiden sich hier in die Haare geraten, zumal die Situation bereits aufgeladen ist und Bea sich gestresst fühlt. Bea versucht, eine beginnende destruktive Entwicklung zu stoppen, indem sie sachlich und neutral beschreibt, was es noch alles zu tun gibt. Sie öffnet sich emotional und teilt der Partnerin mit, was sie stresst („Es stresst mich, wenn sie kommen und wir sind nicht bereit“) und was sie sich wünscht (sie möchte einen guten Eindruck vor den Eltern ihrer Partnerin machen und ihnen zudem einen schönen Abend bereiten). Wiebke reagiert nun ihrerseits einlenkend und macht einen konstruktiven Vorschlag (zuerst mithelfen, dann duschen, falls noch Zeit bleibt). Bea lobt sie dafür („Okay, das passt!“) und bedankt sich. Sie nimmt Bezug auf das „Wir“ und dass sie es als Paar gemeinsam hinkriegen.

Beide tragen durch ihr Einlenken zu einem konstruktiven Verlauf bei. Einer sollte dabei immer den ersten Schritt tun und die Weiche für eine günstige Gesprächsentwicklung stellen (gut wäre, wenn diese Initiative nicht immer von derselben Person ausgehen würde). Greift die andere Person diese Gelegenheit jedoch nicht auf, kann sich keine konstruktive Dynamik ergeben. Es braucht immer beide.

Das Beispiel von Bea und Wiebke zeigt, wie nah ein konstruktiver und ein destruktiver Konfliktverlauf beieinander liegen können. Es kommt nur darauf an, wer in welcher Weise reagiert und wie der Ball vom anderen aufgenommen wird. Es braucht immer beide dazu, damit es zu einem eskalierenden Streit kommt oder eben zu einem konstruktiven Konfliktverlauf mit gegenseitigem Verständnis und einer Problemlösung.

Beim konstruktiven Konfliktstil können wir drei Formen unterscheiden:

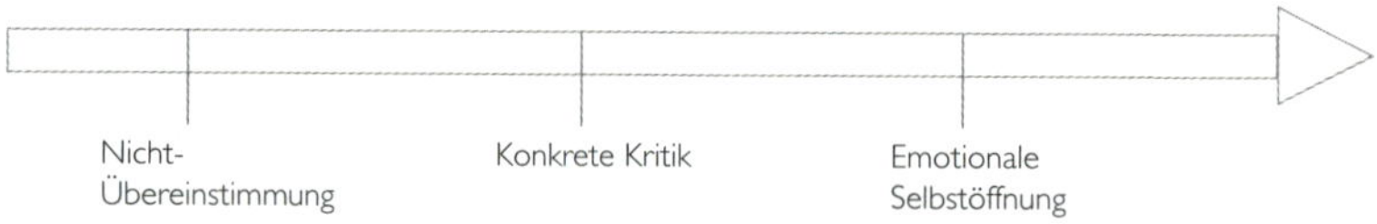

Abbildung 4: Formen konstruktiver Konfliktführung

Auch wenn es für den Partner, die Partnerin negativ ist, dass sein/ihr Bedürfnis nicht befriedigt wird, gehören auch Nicht-Übereinstimmung und konkrete Kritik zu einem konstruktiven Konfliktstil. Wenn man Störendes ansprechen will, dann kommt man nicht umhin, Kritik zu äußern. Doch *wie* man dies macht, ist entscheidend.

Nicht-Übereinstimmung

Dass man nicht immer derselben Meinung ist, kommt relativ oft vor und gehört zum normalen Alltag von Paaren. Der eine Partner, die eine Partnerin äußert ein Bedürfnis, das dem/der anderen nicht entspricht und worauf man keine Lust hat. Man ist nicht gleicher Meinung oder stimmt mit einer Sichtweise oder Darstellung nicht überein.

Beispiel

Partner:in A: „Schatz, möchtest du heute Abend ins Kino gehen? Der Film, der läuft, wird dir gefallen. Es spielt dein Lieblingsschauspieler Brad Pitt mit."

Partner:in B: „Oh! Nein, der ist schon lange nicht mehr mein Lieblingsschauspieler. Von dem Film habe ich gehört, auf den habe ich keine Lust."

Partner:in A: „Oder wollen wir zusammen essen gehen?"

Partner:in B: „Lieber nicht, ich bin zu müde, hatte eine anstrengende Woche. Lass uns zu Hause bleiben und den Abend in unserer schönen Wohnung genießen. Ich habe mehr das Bedürfnis, einfach mit dir allein zusammen zu sein."

Ein weiterer Fall von Nicht-Übereinstimmung ist, wenn A und B anderer Meinung sind:

Beispiel

Partner:in A: „Ich finde, wir sollten wieder mal die Seilers einladen."

Partner:in B: „Oh, die waren doch erst kürzlich zu Besuch. Ich denke, die Müllers wären mal wieder dran."

Nicht-Übereinstimmung besteht auch dann, wenn die beiden Partner:innen eine andere Wahrnehmung haben:

Beispiel

Partner:in A: „Diese Nachbarin ist so aufdringlich, immer wenn ich zur Türe rausgehe, lauert sie mir auf. Das nervt."

Partner:in B: „Ach was, sie ist einfach einsam und kommt rasch für einen Schwatz aus ihrer Wohnung. Ich finde das nett."

Dem Partner, der Partnerin mitzuteilen, dass man mit seiner/ihrer Meinung, Einschätzung oder den Zielen nicht übereinstimmt, ist wichtig, da Partner:innen nicht immer derselben Ansicht sind und sich dies ohne Umschweife mitteilen sollten. Es kommt dabei darauf an, dass der Partner, die Partnerin keine Kritik äußert, sondern lediglich festhält, wie man selbst die Situation wahrnimmt oder einschätzt und dass man dies mitunter anders sieht. Die Tonlage, Mimik und Gestik sind bei dieser Verhaltensweise positiv, wohlwollend und zugewandt.

Konkrete Kritik

Eine weitere Form des konstruktiven Konfliktstils ist die konkrete Kritik. Es geht darum, dass auf ein konkretes Problem im Hier und Jetzt sachlich und ohne Vorwurf hingewiesen wird.

Beispiele für konstruktive Kritik

- „Ich hatte dich gebeten, den Müll runterzutragen. Mich stört es, wenn dieser rumsteht, wenn die Gäste kommen. Könntest du ihn bitte entsorgen, bevor sie da sind?"
- „Dass du eben zu spät zum Abendessen gekommen bist, finde ich schade. Du weißt, um welche Zeit ich anrichte, und wenn etwas dazwischenkommt, ruf mich bitte kurz an."
- „Es ist nicht toll für mich, wenn du mir versprichst, dass wir miteinander absprechen, wie wir das Geld ausgeben, und dann kaufst du einfach neue Schuhe, ohne mich zu fragen."

Wichtig ist, dass sich die Kritik auf eine *konkrete Situation* (gestern Abend; bei deinen Eltern; in den Ferien; am Wochenende; als wir im Bus saßen) oder ein konkretes, *bestimmtes Verhalten* bezieht („Wenn du so laut wirst, erschrecke ich"; „Ich mag es nicht, wenn du unangemeldet einfach reinschneist, wie heute Mittag"; „Ich finde es unangenehm, wenn du mich auf diese Weise kritisierst, das erinnert mich an meine Mutter").

Dass dabei das Wort „du" verwendet wird, ist nicht problematisch, ohne „du" können wir keine Kritik äußern. Problematisch ist die verallgemeinernde Kritik, wo „du" mit „immer" oder „nie" zusammen auftritt („Du bist nie pünktlich, das nervt"). Konkrete Kritik dagegen ist eine gute Möglichkeit, Störendes anzusprechen, ohne den anderen zu attackieren und als Person in Frage zu stellen. Gleichzeitig können auch Zustimmung, Anerkennung und Komplimente helfen, die Kritik zu relativieren („Ja, das stört mich wirklich, ich finde es unhygienisch. Dabei bist du doch sonst so ein ordentlicher Mensch").

Selbstevaluation Was trifft auf mich zu?	Trifft gar nicht zu					Trifft sehr zu
	0	1	2	3	4	5
Bei Konflikten mit meinem Partner, meiner Partnerin versuche ich, nett und freundlich zu bleiben.	☐	☐	☐	☐	☐	☐
Auch wenn mich das Verhalten des Partners, der Partnerin oder seine/ihre Bemerkungen stören oder provozieren, versuche ich, ruhig zu bleiben und dem Gespräch einen positiven Verlauf zu geben.	☐	☐	☐	☐	☐	☐
Ich signalisiere meinem Partner, meiner Partnerin mit einer positiven Körperhaltung, Gestik und Mimik, dass ich an einem konstruktiven Gespräch interessiert bin.	☐	☐	☐	☐	☐	☐
Ich mache häufig den ersten Schritt, damit ein Konflikt konstruktiv verlaufen kann.	☐	☐	☐	☐	☐	☐
Ich gehe auf Versuche meines Partners, meiner Partnerin ein, dem Gespräch eine positive Wendung zu geben.	☐	☐	☐	☐	☐	☐
Ich verzichte auf Anschuldigungen, Vorwürfe und Abwertungen und versuche, stattdessen von mir und meinen Gefühlen zu reden.	☐	☐	☐	☐	☐	☐
Ich lenke ein und helfe mit, faire Kompromisse zu finden.	☐	☐	☐	☐	☐	☐
Ich entschuldige mich, wenn ich während des Konflikts etwas barsch reagiert habe und gemein oder laut geworden bin.	☐	☐	☐	☐	☐	☐

Selbstevaluation Was trifft auf meinen Partner, meine Partnerin zu?	Trifft gar nicht zu					Trifft sehr zu
	0	1	2	3	4	5
Bei Konflikten versucht mein Partner, meine Partnerin, nett und freundlich zu bleiben.	☐	☐	☐	☐	☐	☐

Selbstevaluation Was trifft auf meinen Partner, meine Partnerin zu?	Trifft gar nicht zu					Trifft sehr zu
	0	1	2	3	4	5
Auch wenn mein Verhalten oder meine Bemerkungen den Partner, die Partnerin stören oder provozieren, versucht er/sie, ruhig zu bleiben und dem Gespräch einen positiven Verlauf zu geben.	☐	☐	☐	☐	☐	☐
Mein Partner, meine Partnerin versucht, mit einer positiven Körperhaltung, Gestik und Mimik zu signalisieren, dass er/sie an einem konstruktiven Gespräch interessiert ist.	☐	☐	☐	☐	☐	☐
Mein Partner, meine Partnerin macht häufig den ersten Schritt, damit ein Konflikt konstruktiv verlaufen kann.	☐	☐	☐	☐	☐	☐
Mein Partner, meine Partnerin geht auf meine Versuche ein, dem Gespräch eine positive Wendung zu geben.	☐	☐	☐	☐	☐	☐
Er/sie verzichtet auf Anschuldigungen, Vorwürfe und Abwertungen und versucht, stattdessen von sich und seinen/ihren Gefühlen zu reden.	☐	☐	☐	☐	☐	☐
Mein Partner, meine Partnerin lenkt ein und hilft mit, faire Kompromisse zu finden.	☐	☐	☐	☐	☐	☐
Er/sie entschuldigt sich, wenn er/sie während des Konflikts etwas barsch reagiert hat und gemein oder laut geworden ist.	☐	☐	☐	☐	☐	☐

Emotionale Selbstöffnung

Innerhalb des konstruktiven Konfliktstils nimmt die emotionale Selbstöffnung die wichtigste Rolle ein. Sie geht über Nicht-Übereinstimmung und konkrete Kritik deutlich hinaus, indem man dem Partner, der Partnerin mitteilt, wie man sich in der jeweiligen Situation oder aufgrund seines/ihres Verhaltens fühlt. Emotionale Selbstöffnung bedeutet, dass man von sich erzählt und dem anderen mitteilt, wie die Situation für einen ist.

Beispiel

„Ich finde es schade, dass du keine Lust hast, ins Kino zu gehen, es wäre schön gewesen, wieder mal zu zweit auszugehen und Spaß miteinander zu haben. Mir fehlt das. Wir arbeiten beide hart und Zeit für uns als Paar ist rar. Das belastet mich."

Anstatt Vorwürfe zu machen und den anderen abzuwerten („Jetzt komm aber, schon wieder hast du keine Lust! Nie hast du Bock auf etwas! Langsam stinkt's mir, immer hast du eine Ausrede! Nie nimmst du dir Zeit für uns als Paar! So geht's halt den Bach runter, musst dich nicht wundern"), erzählt man dem Partner, der Partnerin, was einen stört und wie man sich dabei fühlt.

Während zu Beginn, in der Verliebtheitsphase, Gefühle wie Liebe, Freude, Glückseligkeit, Neugier für den anderen und Faszination dominieren, treten diese Gefühle im Verlauf der Zeit immer stärker in den Hintergrund und machen negativen Gefühlen Platz. Was einen früher faszinierte, sieht man auf einmal nüchterner, und Verhaltensweisen des Partners, der Partnerin, welche man zu Beginn als positiv empfand, beäugt man auf einmal kritisch (früher empfand man den anderen als großzügig, heute beklagt man seine Verschwendungssucht). Negative Gefühle wie Ärger, Enttäuschung, Frustration oder Angst und Traurigkeit nisten sich immer mehr in der Beziehung ein, je länger diese dauert und je mehr man destruktive Konflikte führt. Dabei neigen wir leicht dazu, den Partner, die Partnerin dafür verantwortlich zu machen, dass wir uns schlecht fühlen, und übersehen, dass es letztlich nicht seine/ihre Schuld ist, sondern dass der Grund für diese negativen Gefühle in der Tatsache liegt, dass unsere Bedürfnisse, Erwartungen und Wünsche nicht erfüllt wurden. Die Unzufriedenheit bezieht sich also darauf, dass etwas nicht eingetreten ist, was wir uns erwünscht oder erhofft haben. Es gilt zu erkennen, dass unsere Bedürfnisse nicht befriedigt wurden und man sich die Frage stellen sollte, ob diese Bedürfnisse vom Partner, von der Partnerin (aktuell oder auf Dauer) denn überhaupt befriedigt werden können oder ob die Ansprüche zu hoch und unrealistisch sind. Aber um diese Bedürfnisse je befriedigt zu bekommen, sind mit Sicherheit Vorwürfe, Unterstellungen, Abwertungen und Provokationen nicht förderlich. Diese führen vielmehr dazu, dass sie erst recht nie befriedigt werden, weil niemand unter Druck und Drohungen authentisch fürsorglich und liebevoll sein kann.

Emotionale Selbstöffnung bedeutet, dass man Störendes wahrnimmt (welche Bedürfnisse wurden nicht befriedigt), den damit verbundenen Gefühlen nachspürt und diese dem Partner, der Partnerin mitteilt.

Beispiel

„Gestern Abend, als ich ins Bett wollte, ging ich noch rasch in die Küche. Da traf mich fast der Schlag. Alles stand noch herum, das ganze dreckige Geschirr in der Spüle! Du weißt, dass ich das nicht mag. Es ist mir wichtig, dass wir eine aufgeräumte Küche haben. Wir wissen nie, wann Besuch kommt und die Kinder ihre Freunde mitbringen. Und wenn die Küche unordentlich ist, finde ich das peinlich. Ich möchte nicht, dass die anderen denken, wir seien eine schmuddelige Familie. Ich habe mich als Kind immer für die Unordnung bei uns zu Hause geschämt."

Das Beispiel zeigt, worum es bei der emotionalen Selbstöffnung geht: Die Person schildert, was sie stört (die Küche war nicht aufgeräumt, das dreckige Geschirr stand noch rum), und sie versucht, dem Partner, der Partnerin mitzuteilen, warum das für sie ein Problem ist. Sie möchte nicht, dass andere die Unordnung sehen und schlecht über sie als Familie denken. Dabei werden alte Kindheitserinnerungen wach. Es wird das Gefühl Scham benannt (man schämt sich für die Unordnung vor anderen).

Im Wesentlichen geht es bei der emotionalen Selbstöffnung um drei Punkte: (1) Man bleibt bei sich, (2) man ergründet die Gefühle, welche die Situation oder das Verhalten des anderen auslösen, und (3) man teilt diese Informationen dem Partner, der Partnerin mit.

Weitere Beispiele für emotionale Selbstöffnung

- „Mich hat es gestern sehr enttäuscht, dass du das Thema vor deinen Eltern angesprochen hast, obwohl wir abgesprochen hatten, dass das unter uns bleibt."
- „Ich fühle mich erniedrigt, wenn du mich so herumkommandierst."

- „Klar kann man das anders sehen, doch ich finde es verletzend, wenn du mit Leuten ausgehst, die schlecht von mir reden."
- „Ich empfand deine Blicke als Flirten. Das tat mir weh. Ich war verunsichert, dachte, dass du diese Person attraktiver als mich findest."
- „Dass du deine Sachen gestern nicht weggeräumt hast, fand ich nicht in Ordnung. Wir hatten das doch so abgemacht. Wenn ich dann sehe, dass du dich nicht daran hältst, komme ich mir doof vor."
- „Es macht mich traurig, wenn ich das fünfte Rad am Wagen bin. Am Wochenende habe ich mich so gefühlt, als wir mit deinen Kollegen ausgegangen sind."

Übung: Formulieren Sie die nachfolgenden Äußerungen als emotionale Selbstöffnung um.

1. „Nie kann man sich auf dich verlassen, immer bist du unpünktlich."
2. „Du kannst es einfach nicht lassen, immer musst du mich provozieren."
3. „Du bist ein schwieriger Mensch, mit so jemandem kann niemand zusammenleben."
4. „Klar, hätte ich dich anrufen können, doch im Stress vergisst man das halt."
5. „Aber natürlich, du hast immer recht."

Mögliche Lösungen:

1. „Ich habe gestern Abend auf dich gewartet und fand es schade, dass du nicht rechtzeitig nach Hause gekommen bist. Ich hatte mich auf den Abend mit dir gefreut. Als du einfach nicht kamst, habe ich mir Sorgen gemacht, dann kam Ärger auf. Ich hätte mir gewünscht, du hättest kurz angerufen."
2. „Wenn du das machst, kommt es bei mir wie eine Provokation an. Ich fühle mich dann in Frage gestellt, als Person abgewertet, und das fühlt sich echt mies an. Dein Verhalten macht mich traurig."
3. „Du weißt, dass ich diese Eigenschaft an dir nicht verstehe und nicht mag. Ja, ich bin anders als du, und diese Eigenschaft stört

mich. Ich fühle mich dadurch angegriffen und meinerseits als Person in Frage gestellt."

4. „Du hast recht, ich hätte dich anrufen können. Ich war zu sehr mit mir selbst beschäftigt, wollte den Bericht noch fertigstellen. Ich habe Druck vom Chef gespürt, wollte ihn nicht enttäuschen und einen guten Eindruck machen. Dabei habe ich dich voll aus den Augen verloren. Das tut mir leid. Das nächste Mal denke ich dran und rufe dich an."
5. „Manchmal denke ich, dass ich immer falschliege und du alles besser kannst und weißt. Das ist schwierig für mich, ich fühle mich in diesen Momenten minderwertig. Das tut weh."

Indem man bei sich und seinen Gefühlen bleibt und von diesen redet, gewährt man dem Partner, der Partnerin Einblick in das eigene Innenleben. Dies führt in der Regel dazu, dass es den anderen betroffen macht, wenn er/sie erfährt, was sein/ihr Verhalten ausgelöst hat. Oft hilft dies zu realisieren, dass es nicht Absicht war und einem leidtut. Man wollte den Partner, die Partnerin nicht vorsätzlich abwerten, kränken oder verletzen. Es ist aus Unachtsamkeit, Stress, mangelnder Offenheit oder dem Bestreben geschehen, sich selbst zu schützen, oder aus einem Bedürfnis heraus, sich zu behaupten. Doch all das braucht man nicht mehr, wenn man gar nicht erst angegriffen wird, sondern sich auf dieser emotionalen Ebene begegnet. Durch emotionale Selbstöffnung entsteht beim Partner, bei der Partnerin die Motivation, sein/ihr störendes Verhalten zu ändern („Das nächste Mal rufe ich dich an"). Durch Quengeln, Drängen und Nörgeln erreicht man diese Motivation nicht.

Merke

Indem der Partner, die Partnerin, anstatt einen anzugreifen, von sich selbst spricht und sich emotional öffnet, kann der/die andere überhaupt erst die Bereitschaft entwickeln, zuzuhören, verstehen zu wollen und den eigenen Anteil am Problem zu sehen und einzugestehen. Emotionale Selbstöffnung ist der Schlüssel zu gegenseitigem Verständnis und einer glücklichen Paarbeziehung.

Selbstevaluation **Was trifft auf mich zu?**	**Trifft gar nicht zu**					**Trifft sehr zu**
	0	**1**	**2**	**3**	**4**	**5**
Bei Konflikten spreche ich meine Gefühle offen und ehrlich an.	☐	☐	☐	☐	☐	☐
Ich teile bei Konflikten meinem Partner, meiner Partnerin mit, warum mich sein/ihr Verhalten gestört hat.	☐	☐	☐	☐	☐	☐
Ich teile meinem Partner, meiner Partnerin mit, wenn er/sie mich durch sein/ihr Verhalten ärgerlich, frustriert oder enttäuscht hat.	☐	☐	☐	☐	☐	☐
Ich teile meinem Partner, meiner Partnerin mit, wenn er/sie mich durch sein/ihr Verhalten traurig gemacht hat.	☐	☐	☐	☐	☐	☐
Ich spreche offen und ehrlich über meine Sorgen, Ängste und Zweifel und scheue mich nicht, meine Verletzlichkeit dem Partner, der Partnerin gegenüber zu zeigen.	☐	☐	☐	☐	☐	☐
Mir fällt es schwer, über mich und meine Gefühle zu sprechen.	☐	☐	☐	☐	☐	☐
Ich habe keine Übung darin, meine Gefühle zu äußern.	☐	☐	☐	☐	☐	☐
Wenn ich mich selbst öffne, reagiert mein Partner, meine Partnerin positiv darauf, zeigt Verständnis und Offenheit.	☐	☐	☐	☐	☐	☐
Wenn ich mich selbst öffne, reagiert mein Partner, meine Partnerin negativ darauf, macht sich lustig über meine Gefühle und wertet mich ab.	☐	☐	☐	☐	☐	☐

Selbstevaluation Was trifft auf meinen Partner, meine Partnerin zu?	Trifft gar nicht zu					Trifft sehr zu
	0	1	2	3	4	5
Bei Konflikten spricht er/sie seine/ihre Gefühle offen und ehrlich an.	□	□	□	□	□	□
Mein Partner, meine Partnerin teilt mir bei Konflikten mit, warum ihn/sie mein Verhalten gestört hat.	□	□	□	□	□	□
Er/sie teilt mir mit, wenn ich ihn/sie durch mein Verhalten ärgerlich, frustriert oder enttäuscht habe.	□	□	□	□	□	□
Er/sie teilt mir mit, wenn ich ihn/sie durch mein Verhalten traurig gemacht habe.	□	□	□	□	□	□
Er/sie spricht offen und ehrlich über seine/ihre Sorgen, Ängste und Zweifel und scheut sich nicht, seine/ihre Verletzlichkeit mir gegenüber zu zeigen.	□	□	□	□	□	□
Ihm/ihr fällt es schwer, über sich und seine/ihre Gefühle zu sprechen.	□	□	□	□	□	□
Er/sie hat keine Übung darin, seine/ihre Gefühle zu äußern.	□	□	□	□	□	□
Wenn er/sie sich selbst öffnet, reagiere ich positiv darauf, zeige Verständnis und Offenheit.	□	□	□	□	□	□
Wenn er/sie sich selbst öffnet, reagiere ich negativ darauf, mache mich lustig über seine/ihre Gefühle und werte ihn/sie ab.	□	□	□	□	□	□

Zum Nachdenken

Sie haben nun verschiedene Konfliktstile kennengelernt. In welchem Stil erkennen Sie sich am meisten, in welchem Ihren Partner, Ihre Partnerin?

3. Folgen von Konflikten für Paare

Es sind, wie bereits gesagt, nicht die Konflikte das Problem, sondern deren Vermeidung oder die destruktive Art und Weise, wie sie geführt werden. Paare, welche Störendes frühzeitig ansprechen und bei wichtigen Problemen am Ball bleiben, haben eine günstigere Prognose und bleiben auf Dauer zufrieden.[38]

Um die Bedeutung von Konflikten bei Paaren zu verstehen, ist es lohnenswert, zuerst drei Formen der Kommunikation zu unterscheiden: (1) Alltagskommunikation, (2) Konfliktkommunikation und (3) Unterstützungskommunikation[39]. Konflikte stellen also eine Teilmenge der Interaktionen eines Paares dar. Am häufigsten ist die Alltagskommunikation. Darunter versteht man den alltäglichen Umgang miteinander: Wie begegnet man sich im Alltag, beim Aufstehen, beim Verabschieden, wenn man zur Arbeit fährt, beim Nachhausekommen, zu Tisch, bei der Verrichtung von Haushaltsarbeiten, beim Zusammensitzen am Abend, bei Unternehmungen am Wochenende, in der Freizeit etc.? Ist dieser Umgang wohlwollend, nett, zuvorkommend und wertschätzend, prägt dieses Verhalten nachhaltig das grundsätzliche Paar- und Familienklima. Man fühlt sich wohl beim Partner, bei der Partnerin, erlebt ihn/sie als zugewandt, offen, freundlich und herzlich. Eine positive Alltagskommunikation schafft die Grundlage für eine glückliche Paarbeziehung.

Wenn nun dieser Partner, diese Partnerin zusätzlich für einen da ist, einem beisteht, wenn man Sorgen und Probleme hat, dann stärkt dies die Beziehung zusätzlich und trägt erheblich zur Beziehungszufriedenheit bei.[40] Man spürt, dass man einen lieben Menschen zur Seite hat, an den man sich wenden kann, der einem Schutz, Sicherheit und Geborgenheit vermittelt und einem die emotionale Wärme und Unterstützung gibt, deren man bedarf. Sich an diesen Menschen wenden zu können, wenn man es braucht, schafft Vertrauen, Intimität und Bindung.[41]

Wenn nun ein Partner, eine Partnerin einen anständig und nett im Alltag behandelt, für einen da ist, wenn man Stress hat, und einem hilft, mit diesem besser umzugehen, jedoch bei Konflikten rasch unangenehm und ausfällig reagiert, wird man vermutlich geneigt sein, seine/ihre destruktive Art bei Konflikten zu relativieren.[42] Man wird vor diesem Hintergrund eher bereit sein, das negative Verhalten des Partners, der Partnerin während Konflikten zu verzeihen („Er ist ja ein guter Partner, aber streiten kann man mit ihm nicht"; „Ich habe sie lieb, doch wenn wir nicht gleicher Meinung sind, wird sie echt borstig") und darüber hinwegzusehen (außer es häufen sich die Ausfälligkeiten und überschatten das Positive).

Wenn nun aber der Partner, die Partnerin auch im Alltag wenig erfreuliches Verhalten zeigt – beispielswiese keine Zeit für einen hat, kein Interesse an einem zeigt und wenig Anteilnahme bekundet, kaum Komplimente macht und wenig Nettigkeiten äußert, selten zärtlich ist, einem geringe Wertschätzung entgegenbringt und auch nicht für einen da ist, wenn man sich schlecht fühlt oder einem alles über den Kopf wächst – und wenn er/sie zusätzlich Konflikte destruktiv austrägt, dann stellt man sich berechtigterweise die Frage, was einen bei diesem Partner, dieser Partnerin hält. So wie eine positive Alltagskommunikation und eine gute Unterstützung destruktives Streiten in einem gewissen Ausmaß kompensieren können, so addiert es sich zu einer negativen Bilanz, wenn in allen drei Bereichen Defizite wahrgenommen werden.

Merke
Die Konfliktkommunikation ist im Zusammenspiel mit den beiden anderen Kommunikationsformen zu sehen, um ihre Effekte auf die Partnerschaftszufriedenheit verstehen zu können. Einerseits puffern positive Alltagskommunikation und gegenseitige Unterstützung negative Effekte einer destruktiven Konfliktkommunikation ab, andererseits verstärkt sich die Unzufriedenheit, wenn in mehreren Bereichen Defizite vorliegen.

Eine destruktive Konfliktkommunikation wirkt sich über mehrere Wege negativ auf das Paar aus: zum einen über die Vergiftung des Paarklimas und die Förderung von Unzufriedenheit, zum anderen über emotionalen Rückzug und Entfremdung sowie negative Auswirkungen auf Intimität und Sexualität.[43] Wenn man sich vom Partner, von der Partnerin angegriffen und abgewertet fühlt, ist es verständlich, dass dies die Bindungssicherheit und das Vertrauen in die andere Person unterminiert und die Basis für eine glückliche Beziehung auf Dauer zerstört. Je länger die Negativität des Partners, der Partnerin anhält, desto gravierender sind die Schäden für die Partnerschaft.

Wissenswertes aus der Forschung

Eine destruktive Kommunikation hängt mit einer niedrigeren Partnerschaftszufriedenheit zusammen.[44] Bei länger andauernder destruktiver Kommunikation nimmt in der Folge die Partnerschaftszufriedenheit ab.[45] Eine destruktive Kommunikation erweist sich sowohl für die längerfristige Beziehungsqualität als auch für die Stabilität von Beziehungen als ungünstig.[46]

Auf der anderen Seite geht eine konstruktive Konfliktkommunikation mit einer höheren Beziehungszufriedenheit und einem geringeren Trennungsrisiko einher.[47]

Weiter konnte gezeigt werden, dass Positivität (Zustimmung, Anerkennung, Interesse, Nachfragen, Kompromissbereitschaft) in der Lage ist, Negativität (verallgemeinernde Kritik, Defensivität, verächtliche und provokative Kommunikation) abzufedern.[48]

Eine Verbesserung der Konfliktkommunikation führt zudem zu einer höheren Beziehungszufriedenheit.[49]

---

4. Folgen von Konflikten für Kinder

Die meisten Eltern wünschen sich das Beste für ihre Kinder. Sie hoffen, dass sie gut gedeihen, es im Leben einmal gut oder besser haben als sie selbst und glücklich, durchsetzungsfähig und erfolgreich sein werden. Sie investieren dafür viel in deren Zukunft und Förderung: Sie ermöglichen den Kindern eine gute Schulbildung, verschiedene Hobbys, räumen ihnen viele Steine aus dem Weg, beschützen sie vor Widrigkeiten und versuchen, sie vor schädlichen Einflüssen abzuschirmen. Wenn die Kinder schwierig oder auffällig werden, hinterfragen sie sich oftmals selbst, versuchen herauszufinden, woran es liegen könnte und was sie falsch gemacht oder besser machen könnten. Nicht wenige sind bereit, für ihre Kinder jeden erdenklichen Aufwand auf sich zu nehmen.

Einen Aspekt jedoch haben viele nicht auf dem Radar: die fundamentale Bedeutung ihrer Paarbeziehung für eine gesunde Entwicklung ihrer Kinder. Vor lauter Bemühungen der Eltern für ihre Kinder übersehen sie, dass die wichtigste Komponente für deren Wohlergehen mit dem Elementarsten zu tun hat: dem Umgang miteinander, der Streitkultur in ihrer Partnerschaft. Um diesen Aspekt geht es in diesem Kapitel, um den Einfluss elterlicher Konflikte auf das Wohl der Kinder.

Konflikte vergiften die Umgebung

Wenn wir bei einem befreundeten Paar zum Abendessen eingeladen sind und sich die beiden kurz vorher gestritten haben, merkt man das in der Regel schnell. Es sind kleine feine Unterschiede im Vergleich zu früheren Begegnungen. Die Atmosphäre ist speziell, die beiden benehmen sich anders als üblich. Sie sind kurz angebunden, vermeiden Blickkontakt, gehen sich aus dem Weg, sind uns gegenüber gehemmt oder weniger offen. Die Stimmung ist schwelend, gedrückt oder gereizt. Man fühlt sich unwohl und weiß nicht recht, ob man stört, wie man sich verhalten soll. Soll man die Situation einfach ignorieren, so tun, als ob alles in Ordnung sei und einem nichts aufgefallen wäre? Soll man darauf eingehen, nachfragen, was geschehen sei? Soll man versuchen, umso humorvoller und fröhlicher zu sein, um die Stimmung zu heben? Was, wenn der Streit wieder aufbricht? Wie soll man sich da verhalten? Wird man womöglich einbezogen, um eine Stellungnahme gebeten, als Schiedsrichter:in herangezogen?

Was wir als Erwachsene in diesem Moment als geladene Gäste erleben, mag störend und unangenehm sein, doch können wir das Ganze in der Regel irgendwie einordnen. Die beiden hatten wohl vorher einen Konflikt, welcher vermutlich nichts mit einem selbst zu tun hat (oder haben sie sich doch gestritten, weil man zu Besuch kam, war man am Ende selbst der Grund für den Streit?). Wir können die Situation analysieren, interpretieren und einigermaßen verstehen. Wir können uns eine Strategie zurechtlegen, wie wir damit umgehen. Wir sind emotional ja auch nicht direkt betroffen. Es sind Freunde. Man sieht sich von Zeit zu Zeit. Man lebt aber nicht mit ihnen unter einem Dach, man ist emotional nicht von ihnen abhängig. Wenn es einem nicht passt, dann geht man. Und kommt womöglich nicht so rasch wieder zu Besuch, vor allem, wenn diese miese Atmosphäre nicht das erste Mal war.

Doch wie ist das für Kinder? Wenn es die eigenen Eltern sind, die sich streiten? Man ihnen und ihrer Laune täglich ausgesetzt und von ihrem Verhalten abhängig ist? Wenn es immer wiederkehrende Konflikte sind, sich die schlechte Stimmung über Wochen, Monate oder Jahre hinzieht? Die Kinder selbst in die Konflikte hineingezogen werden? Sie sich sorgen müssen, dass es zu Handgreiflichkeiten zwischen den Eltern kommt, jemand verletzt werden könnte oder auf einmal alles auseinanderbricht und sich die Eltern trennen? Wie müssen sich die Kinder fühlen, wenn sie denken, dass sie selbst der Grund für den Streit der Eltern sind? Dann ist es eine ganz andere Geschichte. Und gleichzeitig ist es die Realität vieler Kinder.

Kinder sind wie Seismographen

Kinder nehmen Stimmungen atmosphärisch wahr. Wenn es den Eltern nicht gut miteinander geht, merken sie es, selbst wenn diese so tun, als wäre alles in bester Ordnung. Man kann Kindern nichts vormachen. Sie schwingen innerlich mit, spüren die Negativität, sei sie ausgesprochen oder nur in der Luft liegend. Sie spüren, wenn zwischen den Eltern nicht gut Kirschen essen ist, unabhängig davon, ob der Konflikt ausgesprochen oder schwelend ist.

Kinder sind aber auch dankbare Beobachtende von gut verlaufenden Konfliktgesprächen und sie lernen schnell. Sie saugen Positives wissbegierig auf. Je mehr Positivem sie ausgesetzt sind, desto vorteilhafter ist dies für ihre Entwicklung und ihre späteren eigenen Beziehungen. Eltern als günstige Verhaltensmodelle zeigen ihnen auf, wie sie mit Gleichaltrigen Konflikte lösen oder später in der eigenen Partnerschaft mit Differenzen umgehen können. Kinder lernen Beziehungskompetenzen durch die Beobachtung ihrer Eltern (oder Freundinnen und Freunde) oder von Gleichaltrigen und Erwachsenen in Filmen und ahmen sie nach.

Merke
Wie Eltern Konflikte lösen, hat einen nachhaltigen Effekt auf die Kinder. Eltern sind wichtige Rollen- und Verhaltensmodelle. Die Kinder beobachten sie, nehmen unbewusst wahr, wie sie sich verhalten, was sie tun und welche Konsequenzen ihre Handlungen haben.

So geht's doch auch

Sehen die Kinder, dass ihre Eltern Probleme ganz natürlich ansprechen, werden sie dies im Umgang mit anderen Personen und später in ihrer eigenen Partnerschaft ebenfalls tun. Es ist daher für Kinder wichtig, dass ihre Eltern streiten. Wenn sie dies konstruktiv und wohlwollend tun, geben sie positive Verhaltensmodelle für ihre Sprösslinge ab und machen deutlich:

- Konflikte sind normal und nichts Schlimmes.

- Konflikte sind Ausdruck davon, dass einen etwas stört und dass man dies ansprechen darf.
- Wenn man dies nicht tut, staut sich negative Energie an, welche zu körperlichen oder seelischen Problemen oder einem späteren explosiven Ausbruch, wie bei einem Dampfkessel mit Überdruck, führen kann.
- Damit Konflikte konstruktiv verlaufen, müssen sich beide zuhören, müssen beide Interesse an der Sicht des anderen zeigen und sich aufeinander einlassen.
- Es geht um das Schildern dessen, was einen stört, und um das aufmerksame Zuhören des Gegenübers. Beides braucht es, damit ein Konfliktgespräch gelingen kann.
- Konstruktive Konflikte führen zu Lösungen, die fair für beide sind und von beiden mitgetragen werden.
- Auch wenn während des Konflikts mal ein wüstes Wort fällt, ist das nicht der Untergang. Beide Eltern können laut werden, ja sich mitunter auch anschreien (wenn es um persönlich sehr relevante Themen geht und man sich nur so Gehör zu verschaffen weiß, kann dies sogar sinnvoll sein[50]). Das ist alles halb so wild, wenn sie sich am Ende wieder vertragen, sich versöhnen und es ihnen wieder gut miteinander geht (z.B. indem sie sich in die Arme nehmen, wieder nette Worte austauschen, bei heiterer und gelöster Stimmung sind[51]).
- Es kommt nicht auf die Konfliktinhalte an, sondern darauf, *wie* man miteinander streitet. Dabei sollte es immer um Respekt, Wertschätzung und gegenseitige Achtung gehen.

Wenn die Eltern den Kindern eine konstruktive Konfliktkultur vorleben, geben sie ihnen eine wichtige Ressource für ihre spätere eigene Partnerschaft mit.

Beispiel: So wäre es toll

Familie Kunz sitzt am Mittagstisch. Auf einmal murmelt der Vater beiläufig: „Heute Abend kommt Mama noch kurz vorbei, bringt ein paar Sachen für Anna." Da bricht es aus der Mutter heraus: „Was, heute Abend? Das kommt nicht in Frage, da kommt meine Freundin Claire. Du weißt doch, dass Mittwoch mein freier Abend ist, da will ich keinen Besuch. Auf jeden Fall nicht deine Mutter! Heute ist Mittwoch, schon vergessen?" „Nein, ich weiß schon", sagt der Vater kleinlaut. „Aber sie hat vorhin angerufen und angekündigt, dass sie was vorbeibringen will, da sie in der Gegend ist." „Immer diese spontanen Aktionen!", erwidert die Mutter aufbrausend. „Und du hast wieder mal nicht Nein sagen können." „Ich weiß, dass dich das ärgert, und ich habe auch versucht, ihr klarzumachen, dass es heute ungünstig ist. Doch sie beharrte darauf, meinte, es sei ja nur ganz kurz und sie würde schließlich etwas für uns vorbeibringen, da dürfte man sie schon willkommen heißen. Es tut mir leid, ich wollte sie abwimmeln, aber sie ließ es nicht zu. Du kennst sie doch." „Ja genau, darum ärgert es mich auch so. Meine … unsere Bedürfnisse zählen nicht." „Ich verstehe, dass dich das ärgert. Mir passt ihr Besuch auch nicht. Mich stört es genauso, wenn sie einfach so reinplatzt, ohne sich nach uns zu richten." „Allerdings, das tut sie ständig", erwidert die Mutter. „Aber ich dachte schließlich", so der Vater, „dass sie die Dinge ja auch vorbeibringen kann, ohne dass du gestört wirst und deine Pläne ändern musst. Ich kann sie empfangen und ihr mitteilen, dass du Besuch hast und nicht erscheinen wirst. Ich sage ihr auch, dass ihre spontanen Besuche für uns schwierig sind." „Ja, gut, dann lass uns das so machen. Ich komme kurz, begrüße sie und gehe dann mit Claire ins Dachzimmer."

Die Eltern schauen Anna an und lächeln ihr zu. „Da hatten Mami und Papi mal kurz Zoff miteinander", sagt die Mutter. „Weißt du, klar haben wir deine Oma lieb, aber manchmal nervt sie, wenn sie einfach so reinschneit und unsensibel ist. Es fällt ihr ziemlich schwer, sich auf unser Leben einzustellen und zu merken, was wir so brauchen. Und heute Abend kommt meine beste Freundin Claire, darauf habe ich mich schon lange gefreut, und ich möchte die Zeit mit ihr verbringen." „Ja klar, wenn Oma dann dazwischenfunkt, hat Mami keine Ruhe mehr", meint der Vater grinsend zu Anna.

Analyse

Analysieren Sie dieses Beispiel. Welche Aspekte sprechen für Sie für einen konstruktiven Konflikt? Schreiben Sie auf einem Blatt auf, welche Hinweise Sie dafür sehen.

Ideal ist, wenn Ihr Partner, Ihre Partnerin das Beispiel unabhängig von Ihnen gleichzeitig ebenfalls analysiert. Tauschen Sie sich anschließend aus und diskutieren Sie Ihre jeweiligen Sichtweisen.

Meine Analyse des Beispiels: Der Einstieg des Vaters ist nicht eben glücklich. Er bringt beiläufig ein Thema ein, von dem er weiß, dass es konfliktreich ist. Er hofft vermutlich, damit durchzukommen, dass er es nebenbei anschneidet. Er möchte keine große Sache daraus machen. Doch die Rechnung geht nicht auf. Die Mutter reagiert sogleich und ist erbost. Sie bringt zum Ausdruck, dass sie den Besuch der Schwiegermutter überhaupt nicht schätzt und keine Lust hat, ihren freien Abend, den sie zudem mit ihrer Freundin Claire geplant hat, zu opfern. Sie macht ihm Vorwürfe, dass er wieder mal nicht Nein sagen konnte und das unpassende Anliegen der Schwiegermutter nicht erfolgreich abgewehrt hat. Sie ist aufgebracht und bringt dies zum Ausdruck. Es stört sie, sie fühlt sich übergangen, in ihren Bedürfnissen nicht wahrgenommen. An diesem Punkt könnte das Gespräch leicht entgleisen. Wenn der Vater nun seinerseits Vorwürfe machen würde („Immer deine Intoleranz, du könntest ja auch einfach mal etwas flexibel sein und dir Zeit für Mama nehmen, auch wenn es dein freier Abend ist. Aber nein, Madame muss immer gleich wütend werden"), käme es zu einem üblen Streit, der leicht eskalieren könnte.

Stattdessen spricht der Vater die Gefühle der Mutter an („Ich verstehe, dass dich das ärgert") und erläutert, dass er eigentlich versucht hat, die Schwiegermutter abzuwimmeln. Er erklärt, dass er über den spontanen, überrumpelnden Besuch ebenfalls nicht erfreut ist. Damit zeigt er, dass er den freien Abend seiner Frau nicht vergessen hatte und ihm bewusst ist, dass sie allergisch auf solche Spontanbesuche der Schwiegermutter reagiert. Er solidarisiert sich mit ihr, macht ihr deutlich, dass er ihre Sicht versteht und letztlich auch teilt, dass er aber auch zur eigenen Mutter höflich sein möchte und ihr deshalb den Besuch nicht abschlagen konnte. Dies stimmt die Mutter versöhnlicher und sie unterlässt weitere Angriffe. Daraufhin macht der Vater einen Vorschlag, wie sie das Problem lösen können („Ich sage ihr, dass du Besuch hast und nicht erscheinen wirst"), worauf die Mutter einlenkt und ihm entgegenkommt („Ich komme kurz, begrüße sie und gehe dann mit Claire ins Dachzimmer"). So finden die beiden eine

Möglichkeit, den Abend zu retten und beide Bedürfnisse (die Mutter möchte einen ungestörten Abend mit Claire verbringen, der Vater möchte nicht unhöflich zu seiner Mutter sein) zu berücksichtigen. Beide Eltern lockern die Situation gegenüber der Tochter Anna wieder auf, indem sie ihr versöhnlich zulächeln. Damit signalisieren sie ihr, dass der Konflikt vorüber und alles wieder gut ist. Schließlich erklärt die Mutter der Tochter Anna, was eben passiert ist. Sie ist ehrlich und gesteht ein, dass Oma manchmal mit ihrer übergriffigen Art nervt. Sie erklärt auch, warum sie der heutige Besuch so ärgerlich gemacht hat. Der Vater zeigt seinerseits Verständnis für die Mutter und signalisiert so Anna gegenüber den Zusammenhalt der Eltern.

Ein konstruktiver Konflikt bedeutet nicht, dass vom Anfang bis zum Ende kein lautes oder ungebührliches Wort fallen darf. Er meint vielmehr, dass es den Eltern gelingen sollte, das Gespräch miteinander zu suchen und aufeinander einzugehen. Wie das Beispiel zeigt, zählen dabei Authentizität (ehrliche Gefühlsäußerungen und Mitteilung dessen, was einen stört) und der Versuch, einzulenken und eine Lösung zu finden. Oftmals muss eine:r dazu den ersten Schritt machen. Der/die andere muss dieses Zeichen wahrnehmen und ebenfalls einlenken. Es braucht daher immer beide für einen konstruktiven Gesprächsverlauf.

Wissenswertes aus der Forschung

Während destruktive Konflikte der Eltern mit vielfältigen emotionalen Problemen und Verhaltensauffälligkeiten der Kinder einhergehen,[52] führt eine konstruktive Austragung von Paarkonflikten zu positiven Effekten, z.B. weniger körperlichen Beschwerden und Infektionskrankheiten sowie weniger seelischen Belastungen.[53]

Nicht immer gelingt es den Eltern, einen Konflikt konstruktiv zu führen. Dies kann situativ bedingt sein, wenn eine:r oder beide viel Stress haben und dünnhäutig sind, oder es kann mit der Persönlichkeit respektive mit der Passung der Eltern zusammenhängen. Menschen mit einem weniger verträglichen Charakter bekunden mehr Mühe, sich auf den anderen einzulassen und stimmige Lösungen für beide zu finden. Oftmals hat es auch mit mangelnden Kompetenzen zu tun, wenn elementare Kommunikationsfertigkeiten oder Sozialkompetenzen fehlen. Häufig ist es jedoch eine Frage der Motivation. Eine:r oder beide haben keine Lust, sich Mühe zu geben und einzulenken, weil man sich als Opfer sieht oder die Partnerschaftszufriedenheit insgesamt gering ist. In der Folge kommt es häufig zu destruktiven Gesprächsverläufen, unter denen die Kinder leiden.

So lieber nicht

Wie gezeigt wurde, können destruktive Konflikte verschiedene Formen annehmen. Sie zeichnen sich durch folgende Merkmale aus, welche für das Befinden der Kinder relevant sind:

- Konfliktvermeidung (man geht den Konflikten aus dem Weg, kehrt sie unter den Teppich, unterlässt es, das Problem anzusprechen, obgleich man unter der Situation leidet und es einen stört).
- Das Konfliktgespräch läuft aus dem Ruder. Man attackiert sich mit verallgemeinernden Vorwürfen, wertet den Partner, die Partnerin ab, macht ihn/sie lächerlich, provoziert und beleidigt ihn/sie.
- Man findet keine Lösungen, sondern geht im Streit wütend oder resigniert auseinander. Den Eltern gelingt es nicht, sich zu einigen, das Problem anzugehen und Wege zu finden, damit der Leidensdruck aufhört und die Situation geklärt und bereinigt werden kann. Dadurch dauert das Problem an, was zu Frustrationen, Ärger, Gefühlen der Hilflosigkeit und Hoffnungslosigkeit, aber auch Angst und Traurigkeit führen kann.
- Es findet keine Versöhnung nach dem Konflikt statt. Das Paar tritt nicht als Team auf, das gemeinsam nach einem Ausweg sucht, sondern beide Eltern sind Gegner, die sich bekriegen.

Beispiel: So lieber nicht

Familie Kunz sitzt am Mittagstisch. Auf einmal murmelt der Vater beiläufig: „Heute Abend kommt Mama noch kurz vorbei, bringt ein paar Sachen für Anna.“ Da bricht es aus der Mutter heraus: „Was, heute Abend? Das kommt nicht in Frage, da kommt meine Freundin Claire. Du weißt, dass Mittwoch mein freier Abend ist, da will ich keinen Besuch. Auf jeden Fall nicht deine Mutter! Heute ist Mittwoch, schon vergessen?" „Musst du gleich so heftig werden? Was hast du eigentlich gegen meine Mutter?", erwidert der Vater trotzig und genervt. „Sie kann doch auch mal spontan vorbeikommen, ohne dass es gleich wieder ein Drama geben muss!" „Nein, eben nicht!", erwidert die Mutter aufbrausend. „Du hast mal wieder nicht Nein sagen können." „Warum musst du immer mir die Schuld geben? Wann hab ich schon mal einen freien Abend! Habe ich denn jede Woche Zeit für einen Schwatz mit meinen Freunden? Du nimmst dir mal wieder alle Rechte raus!" „Jetzt komm mir nicht mit dieser wehleidigen Nummer! Immer bist du nur auf der Seite deiner Mutter, nimmst sie in Schutz und suchst den Fehler bei mir", schreit die Mutter. „Immer musst du herumnörgeln, einen fertigmachen", brüllt der Vater. „Aber klar, Madame trifft natürlich keine Schuld. Jetzt platzt mir aber der Kragen! Anstatt in Ruhe essen zu können, schreist du herum und verdirbst uns allen den Appetit. Immer musst du streiten. Auch bei Anna bist du immer nur am Meckern und Herumstänkern, nicht wahr, Anna? Das hält ja niemand aus!"

Analyse

Analysieren Sie dieses Beispiel. Welche Aspekte sehen Sie für einen destruktiven Konflikt?

Ideal ist, wenn Ihr Partner, Ihre Partnerin das Beispiel unabhängig von Ihnen ebenfalls analysiert. Tauschen Sie sich anschließend aus und diskutieren Sie Ihre jeweiligen Sichtweisen.

Meine Analyse des Beispiels: Wie bereits erwähnt ist der Einstieg des Vaters nicht eben glücklich. Er bringt das konfliktträchtige Thema zu beiläufig ein. Die Mutter reagiert sogleich negativ auf seine Ankündigung des Besuchs der Schwiegermutter und attackiert ihn. Er geht sogleich in einen Gegenangriff über („Musst du gleich so heftig werden?") und greift seine Frau an, indem er ihr unterstellt, aus einer Mücke einen Elefanten zu machen („Muss es gleich wieder ein Drama werden?"). Problematisch ist zudem, dass er vom Thema (Besuch der Schwiegermutter und was das für seine Frau bedeutet) ablenkt und einen Nebenschauplatz eröffnet („Was hast du eigentlich gegen meine Mutter?"). Dadurch führt er vom ersten Thema weg und verunmöglicht es, für dieses eine Lösung zu finden. Stattdessen weitet sich der Konflikt aus und nimmt an Fahrt auf.

Beide verstricken sich in verallgemeinernden Du-Botschaften („Du hast mal wieder nicht Nein sagen können“; „Immer bist du nur auf der Seite deiner Mutter, nimmst sie in Schutz und suchst den Fehler bei mir“). Auf den Angriff der Mutter, dass der Vater sich nicht abgrenzen könne, reagiert dieser defensiv („Warum musst du immer mir die Schuld geben? Wann hab ich schon mal einen freien Abend! Habe ich denn jede Woche Zeit für einen Schwatz mit meinen Freunden?) und attackiert sie dann seinerseits („Du nimmst dir mal wieder alle Rechte raus!“). Die Mutter kontert mit einer abwertenden Aussage („Jetzt komm mir nicht mit dieser wehleidigen Nummer!“) und geht wieder zur verallgemeinernden Kritik über („Immer bist du nur auf der Seite deiner Mutter und suchst den Fehler bei mir“). Nach einer verallgemeinernden Kritik des Vaters („Immer musst du herumnörgeln, einen fertigmachen!“) geht er zur Provokation über („Aber klar, Madame trifft natürlich keine Schuld“). Diese Kommunikationsfehler sind besonders problematisch, wie in Kapitel 2 gezeigt wurde.

Besonders destruktiv für die anwesende Tochter, aber ebenso für die Konfliktdynamik insgesamt, ist zudem die Aussage des Vaters, dass die Mutter bei allen immer nur herummeckert („Auch bei Anna bist du immer nur am Meckern und Herumstänkern, nicht wahr, Anna?“). Damit bezieht der Vater Anna in den Konflikt ein und zwingt sie quasi zu einer Stellungnahme. Er erhofft sich ihre Zustimmung, um die Mutter schachmatt zu setzen. Wenn zwei gegen sie sind, so meint er, wird sie einsehen müssen, dass sie im Unrecht ist. Dass er dabei die Tochter in einen Loyalitätskonflikt bringt, nimmt er bewusst oder unbewusst in Kauf.

Für Kinder ist eine destruktive Konfliktaustragung äußerst problematisch. Zum einen, weil ihnen die eben erwähnten positiven Modelle fehlen und sie stattdessen mit einem schädlichen Modellverhalten konfrontiert sind. Zum anderen, weil destruktive Konflikte selbst das Kind auf mannigfache Weise belasten. Die Folgen können dabei unmittelbar auftreten oder verzögert sein und sich erst nach Tagen, Wochen, Monaten oder Jahren zeigen.

Reaktionen der Kinder auf elterliche Konflikte

Gleich während oder unmittelbar nach dem Konflikt zeigen Kinder oftmals Verhaltensauffälligkeiten (schreien, weinen, aggressive Durchbrüche wie Dinge herumwerfen oder zu Boden schmeißen, Dinge zerstören, andere schubsen, stoßen, schlagen etc.).

Beispiel
Wenn ein Streit laut wird, bemerken M. und S. unmittelbare Folgen beim Verhalten ihres dreijährigen Sohnes. Dieser wird unruhig, sehr anhänglich, „klebt" dann an der Mutter und drängt sich zwischen die beiden. Wenn der Streit fortgeführt wird, beginnt er laut zu weinen und zu schreien. Er kann dann nur schwer beruhigt werden und will nicht in sein Zimmer gehen. Am Abend fällt ihm das Einschlafen schwer, er braucht lange Rituale und Rückversicherungen, bis er endlich einschläft. Oftmals wacht er mitten in der Nacht auf und kommt zu den Eltern ins Bett.

Während die einen Kinder direkt auf Konflikte reagieren, stellt man bei den anderen während oder nach dem Konflikt keine Verhaltensänderungen fest. Man könnte denken, dass das Kind davon unberührt geblieben ist und den Konflikt vielleicht gar nicht mitbekommen hat. Diese Schlussfolgerung ist jedoch häufig verfrüht. Bei etlichen Kindern zeigen sich oft erst später Folgen. So kann es sein, dass ein Kind, welches bereits trocken war, wieder einzunässen (Enuresis) oder einzukoten (Enkopresis) beginnt oder erneut Verhaltensweisen zeigt, die eigentlich längst kein Thema mehr waren, wie nachts wieder bei den Eltern im Bett schlafen wollen, sich kindisch oder übermäßig anhänglich und unselbstständig benehmen oder übertriebene Eifersucht gegenüber einem Geschwister zeigen. Häufig wirken die Kinder nach destruktiven elterlichen Konflikten nervös, leicht irritierbar und dünnhäutig. Sie zeigen unaufmerksames oder unkonzentriertes Verhalten, sind schwierig lenkbar und fahrig. Solche Veränderungen fallen meist nur dann auf, wenn man das Kind bereits länger kennt und sein Verhalten vor und nach den destruktiven Konflikten vergleichen kann oder feinfühlig auf solche Anzeichen achtet. Insgesamt lassen sich die Folgen von Konflikten bei Kindern auf verschiedenen Ebenen feststellen. Nachfolgend gehen wir auf diese etwas detaillierter ein.

Ein Wirrwarr an Gefühlen

Kinder reagieren auf destruktive Paarkonflikte mit vielfältigen Emotionen wie Verunsicherung, Nervosität, Angespanntheit und Angst. Sie machen sich Sorgen, dass der Streit aus dem Ruder laufen oder zu einer baldigen Trennung oder Scheidung der Eltern führen könnte. Sie zeigen in vielen Fällen auch Traurigkeit und Hilflosigkeit bis hin zu Verzweiflung. Warum können sich meine Eltern nicht vertragen? Warum streiten sie ständig? Die Eltern meiner Freunde sind so viel netter zueinander, haben es gut, warum meine Eltern nicht? Wenn sie mich lieb hätten, würden sie nicht so viel streiten. Bedeute ich ihnen denn nichts?

Fast immer sind Schuldgefühle ein Thema.[54] Kinder fühlen sich verantwortlich für die Konflikte der Eltern, denken, dass sie wegen ihnen streiten, dass sie der Anlass dafür sind, weil sie nicht gefolgt haben, laut oder frech waren. Gerade wenn im Streit auch der Name des Kindes fällt, stellen sie schnell einen Bezug zu sich her und vermuten sich selbst als Grund für die Auseinandersetzung („Meinst du, ich hatte einen einfachen Tag? Weißt du, wie schwierig Lena zurzeit ist?!"; „Aber natürlich du kannst nichts dafür, klar, immer sind die anderen schuld. Das hat unsere Tochter von dir").

Nicht selten sind auch Gefühle der Scham. Es ist den Kindern peinlich, wenn sie sich vorstellen, dass die Nachbarn die Eltern streiten hören, oder wenn ein Mitschüler oder eine Mitschülerin vor der Tür stehen könnte und den Streit mitbekäme. Wenn der Konflikt zudem öffentlich ausgetragen wird (im Geschäft, auf der Straße, bei einem Nachbarschaftsfest) verstärkt es dieses Gefühl. Man schämt sich für die Eltern.

Meist tritt auch nicht nur ein Gefühl isoliert auf, sondern eine ganze Palette. Das Kind verspürt Verunsicherung, Angst, aber auch Ärger, Traurigkeit, Hilflosigkeit und Verzweiflung, in die sich Schuld und Scham hineinmischen – dies schon dann, wenn das Kind nur Zeuge eines elterlichen Konflikts wird, aber erst recht, wenn es selbst in den Konflikt hineingezogen wird.

Beispiel

Mutter: „Gratuliere, hast du gestern toll gemacht!"
Jugendliche: „Was meinst du?"
Mutter. „Du weißt schon, mich so zu verleumden!"
Jugendliche: „He, hallo, ich ..."
Mutter: „Halt den Mund! Ich weiß genau, was für eine du bist!"
Jugendliche: „Ich habe nur ..."
Mutter: „Genauso bringst du uns auseinander. Mach nur so weiter, dann kannst du dich freuen, wenn wir uns scheiden lassen."

Analyse

Wie wird sich die Jugendliche in dieser Situation fühlen? Was macht die Mutter mit ihr?

Meine Analyse des Beispiels: Die Mutter startet mit einer verächtlichen Äußerung und greift die Tochter gleich frontal an. Diese ist zuerst verdutzt und weiß nicht, wovon die Mutter spricht. Diese präzisiert, dass sie sich von der Tochter verleumdet gefühlt hat. Die Tochter versucht sich zu verteidigen, kommt aber gar nicht zu Wort, sondern die Mutter wertet sie sofort weiter ab („Halt den Mund! Ich weiß genau, was für eine du bist") und droht ihr schließlich, dass sie die Schuld daran trägt, wenn die Eltern sich scheiden lassen. Damit wirft sie der Tochter einerseits mangelnde Loyalität ihr gegenüber vor und beschuldigt sie andererseits, sie in einem schlechten Licht dargestellt zu haben und so zum weiteren Zerwürfnis zwischen den Eltern beizutragen. Für die jugendliche Tochter ist dieses Gespräch nachvollziehbarerweise äußerst belastend und beklemmend. Sie wird sich sehr schlecht, unverstanden und abgewertet fühlen, und dies von der eigenen Mutter. Durch den Vorwurf, die Eltern auseinanderzubringen, schürt die Mutter bei ihrer Tochter die eben erwähnten Schuldgefühle. Wenn sich die Eltern tatsächlich scheiden lassen, wird dieser Vorwurf die Tochter ihr ganzes Leben lang begleiten.

Solche Interaktionen sind sehr zerstörerisch. Sie entstehen häufig aus der Not heraus, wenn man sich vom Partner, von der Partnerin in die Ecke gedrängt fühlt. Man wünscht sich dann den Rückhalt bei den Kindern und versucht, diese als Koalitionspartner zu gewinnen.

Wenn das Kind diesen Erwartungen dann nicht gerecht wird, wird es unter Druck gesetzt.

Peinigendes Gedankenkarussell

Destruktive Konflikte stürzen die Kinder häufig ins Grübeln. Sie fragen sich, warum es zu diesem Konflikt kam, warum er in dieser Weise endete, warum die Eltern nicht friedlich und konstruktiv sein können. Ihnen bringen sie bei, anständig mit anderen umzugehen, und selbst verletzen sie diese Auflage ständig. Das macht für die Kinder keinen Sinn. Sie verstehen nicht, was abläuft, und kreisen nach dem Streit mit ihren Gedanken noch lange um das Thema. Sie spielen den Konflikt mannigfach durch und versuchen, ihn zu verstehen und einzuordnen. Aufgrund des Grübelns kommt es häufig (vor allem bei kleineren oder sensiblen Kindern) zu Einschlaf- oder Durchschlafstörungen sowie zu Selbstvorwürfen und Selbstabwertungen.

Beispiel

Jonas, vier Jahre alt, hört seine Eltern durch die Wände hindurch streiten. Meist ist er bereits im Bett, wenn die beiden loslegen und sich anschreien. Er kann nicht einschlafen. Es macht ihm Angst. Er horcht angestrengt, versucht zu verstehen, was sie sagen, wer was sagt. Wie gelähmt liegt er im Bett. Nach einer Weile zieht er die Bettdecke über seinen Kopf. Doch quälende Gedanken martern ihn weiter. Irgendwann schläft er erschöpft ein, doch sein Schlaf ist unruhig.

Zudem fällt es den Kindern oft schwer, sich nach einem heftigen elterlichen Konflikt schulisch zu konzentrieren. Der Streit geht ihnen weiterhin durch den Kopf, sie kommen davon nicht los. Der Schulstoff interessiert sie nicht, weil er vor den aktuellen größeren Sorgen in den Hintergrund tritt. Sie wissen nicht, was zu Hause passiert, und machen sich Sorgen: Wie wird die Stimmung sein, wenn ich nach Hause komme? Wird wieder gestritten? Können die Konflikte aus dem Ruder laufen und Mama und Papa sich im Streit wehtun? Werden sie sich trennen oder scheiden lassen? Warum streiten sie so häufig und so destruktiv? Haben sie sich nicht mehr lieb? Ist das meine Schuld? Falle ich ihnen zur Last, nerve ich sie, habe ich den Streit durch mein Verhalten ausgelöst oder provoziert? Würden sie auch so streiten, wenn ich nicht da wäre? Sind diese häufigen Konflikte ein Zeichen dafür, dass ich ihnen lästig bin? Was kann ich tun, damit es besser wird? Soll ich weggehen, damit sie nicht mehr streiten müssen? Wäre alles ohne mich besser?

Beispiel

Jasmin (14 Jahre alt) hasst es, wenn sich ihre Mutter mit ihrer neuen Partnerin streitet. Seit die beiden seit zwei Jahren zusammen sind, kommt es immer wieder und in letzter Zeit gehäuft zu heftigen Auseinandersetzungen. Die beiden schreien sich wüst an, manchmal kommt es auch zu einem Handgemenge. Jasmin zieht sich dann auf ihr Zimmer zurück und dreht die Musik laut auf, damit das Geschrei übertönt wird. „Warum müssen die nur ständig streiten", denkt sie. „Vor lauter Zanken vergessen die ganz, dass ich auch noch da bin. Aber ich bin denen ja sowieso egal. Um mich kümmert sich niemand. Wie's mir geht, schert sie nicht. Dass ich auch Sorgen habe und es schön wäre, wenn mal jemand bei mir nachfragen würde, wie's mir geht – ha, ein Wunschtraum! In zwei Jahren ziehe ich aus, dann sollen die ihren Mist ohne mich machen."

Streit hinterlässt körperliche Spuren

Durch laute, hitzige Konflikte werden die Kinder emotional aufgewühlt und physiologisch erregt. Sie erleben hohen Stress durch die Ausschüttung von Stresshormonen wie Adrenalin und Cortisol. Ihr Puls geht schneller, der Blutdruck steigt, sie zeigen typische Symptome von akutem Stress. Diese sind teils durch die Streitdynamik selbst bedingt (ansteckende Wirkung und Übertragung der Erregung der Eltern auf die Kinder), teils durch die schon erwähnten Gedanken und Gefühle, welche sie umtreiben. Die Kinder werden von Stress geflutet, und dies über mehrere Stunden hinweg. Aber nicht nur laute, aggressive Wortgefechte, sondern auch schwelende oder passiv-aggressive Konflikte wühlen sie auf.

Beispiel

Lisa merkt jeweils, wie es ihr die Kehle zuschnürt, wie sie nach Luft ringen muss und ihr ganz schwindlig wird. Sie bekommt dann richtig Angst und denkt, dass sie eine schlimme Krankheit haben könnte.

Manchmal ertappt sie sich dabei, wie sie dies ganz gut fände, dann müssten sich die Eltern wenigstens ihr zuliebe zusammenreißen und sich um sie kümmern, statt sich ständig zu streiten.

Dieser physiologische und psychische Stress schlägt sich oftmals auch in Unkonzentriertheit, motorischer Unruhe, aber auch psychosomatischen Beschwerden wie Kopfschmerzen, Verdauungsstörungen oder Asthma nieder.

Wissenswertes aus der Forschung

Kinder, die einem destruktiven Paarkonflikt ausgesetzt sind (z.B. mittels einer Audio- oder Videoaufnahme im Versuchssetting), weisen eine höhere Hautleitfähigkeit auf.[55] Sie zeigen eine beschleunigte Herzrate und höhere Freisetzung von Cortisol. All dies weist auf ein deutlich erhöhtes Stresserleben hin. Erstaunlich ist, dass diese Effekte selbst bei sehr kurzer Konfliktexposition (von 1–2 Minuten) und dem Kind unbekannten streitenden Erwachsenen in dieser Deutlichkeit beobachtet werden können. Stellt man sich vor, dass es die eigenen Eltern sind, welche streiten, und dass dieser Streit eine halbe Stunde oder länger dauert, zudem immer wiederkehrt, kann man erahnen, welche physiologischen und psychologischen Konsequenzen dies für die Kinder haben kann. Besonders stark ist die physiologische Erregung der Kinder zudem dann, wenn sie sich in den Konflikt einmischen.[56]

Wie kann man da ruhig bleiben?

Zwei Drittel der Kinder mischen sich in den Konflikt der Eltern ein, versuchen zu schlichten, die Eltern zur Vernunft zu bringen. Doch dies gelingt in den seltensten Fällen. Im Gegenteil machen sie den Streit häufig noch schlimmer. Ihr Einmischen wird von den Eltern negativ erlebt, sie wittern Koalitionen und nehmen es dem Kind übel. Oftmals auch, weil sich die Eltern eigentlich selbst schämen, dass das Kind ihren Konflikt mitbekommt und miterlebt, wie hässlich sie miteinander umgehen.

Kleinere Kinder klammern sich oft an die Beine von Mama oder Papa, schütteln an ihnen, zerren sie weg oder schubsen und stoßen sie.

Sie möchten sie aufrütteln und zur Vernunft bringen. Doch leider bewirken sie genau das Gegenteil. Sie gießen mit diesem Verhalten ungewollt zusätzlich Öl ins Feuer, verstärken die aufgeheizte Stimmung und nerven die Eltern mit ihrem Anklammern. Sie verstärken deren Wut und riskieren, selbst Opfer von groben Handlungen der Eltern (Anschreien, Wegstoßen) zu werden.

Dasselbe passiert, wenn das Kind schluchzt und weint und hofft, damit die Eltern dazu zu bringen, wieder lieb zueinander zu sein. Die Eltern stresst dies häufig noch zusätzlich, sie fühlen sich schuldig und hilflos und reagieren oft noch aggressiver. Sie sehen dann den Fehler und die Schuld für das Leiden des Kindes im Verhalten oder Charakter des Partners, der Partnerin und steigern sich noch mehr in die Negativität hinein.

Bei größeren Kindern oder Jugendlichen gestaltet sich die Einmischung häufig so, dass sie zu vermitteln oder zu schlichten versuchen. Sie hoffen, mit ihren Argumenten die Eltern zur Vernunft zu bringen. Indem sie dem einen Elternteil die Reaktionen des anderen zu erklären versuchen, bewirken sie jedoch oft das Gegenteil. Leicht wird dies missverstanden, und man unterstellt dem Kind, Partei für den anderen zu ergreifen. Das macht diesen Elternteil noch aufgebrachter, da er sich verraten fühlt und meint, dass das Kind, indem es Stellung für den anderen bezieht, ihm in den Rücken fällt. Die Eltern fühlen sich hinterfragt, bloßgestellt und angegriffen und sind in der Hitze des Gefechts nicht in der Lage, das gut gemeinte Bemühen des Kindes zu erkennen.

Was das Kind auch versucht, es hat meist keinen Einfluss auf die destruktive Konfliktaustragung der Eltern, sondern verstärkt im Gegenteil die Negativdynamik noch zusätzlich. Das Kind wird Teil der Auseinandersetzung und wird in die Negativität nicht nur als Beobachter, sondern als Konfliktpartei einbezogen. Das Kind reagiert mit Opposition, wird seinerseits trotzig und aggressiv, schreit, wirft Sachen herum oder plagt das Geschwister. Häufig reagiert es auch mit Niedergeschlagenheit, Angst oder gestörtem Essverhalten. Das problematische Verhalten wird auch im Umgang mit Gleichaltrigen sichtbar.[57]

Beispiel

Simon (8 Jahre alt) beobachtet die streitenden Eltern, dann rennt er aus dem Haus und geht auf den Spielplatz. Dort spielen einige Kinder im Sandkasten, andere sitzen auf der Schaukel oder auf einer Bank. Simon geht schnurstracks zum Sandkasten, setzt sich in den Sand und nimmt einem spielenden Kind die Schaufel weg. „Gib her, ich will damit graben." Das andere Kind protestiert und will seine Schaufel zurück. Da wirft Simon mit Sand nach ihm und stößt es grob um. Das Kind schreit, läuft zu seiner Mutter, die in der Nähe auf einer Bank sitzt und mit einer anderen Mutter plaudert. Sie geht zu Simon hin und fordert ihn auf, ihrem Sohn die Schaufel zurückzugeben und sich zu entschuldigen. „Hau ab, du blöde Kuh!", ruft Simon und wirft auch nach ihr mit Sand.

Innerlich aufgepeitscht durch die elterlichen Konflikte (oder infolge der negativen Verhaltensmodelle) prügeln sich die Kinder häufiger mit Gleichaltrigen, sind laut und frech in der Schule und gegenüber Erwachsenen oder Mitschüler:innen.[58] Sie fallen durch Taktlosigkeit, Ungeduld und schlechtes Benehmen auf. Sie wirken oft unkontrolliert und impulsiv. Oft sind sie aufgedreht, rufen im Unterricht hinein, schwatzen und stören. Ebenso findet man bei ihnen häufig eine negative Einstellung gegenüber der Schule. Sie schwänzen diese, sind demotiviert beim Lernen und fallen leistungsmäßig ab. Auch kann es zu delinquentem Verhalten (stehlen, lügen, zerstören von fremdem Besitz, Konsum von Drogen) kommen.

Wissenswertes aus der Forschung

Destruktive Partnerschaftskonflikte gehen mit einem erhöhten Risiko für kindliche Störungen (z.B. Angststörungen, Depressionen, Essstörungen, Aggression, ADHS) einher.[59] So zeigt sich auch, dass gehäufte destruktive elterliche Konflikte in der frühen Kindheit psychische Auffälligkeiten der Kinder im Schulalter wahrscheinlich machen. Je destruktiver die Eltern streiten, desto höher ist die Wahrscheinlichkeit für eine problematische kindliche Entwicklung.[60] Auf der anderen Seite geht ein konstruktiver Konfliktstil der Eltern mit weniger aggressivem Verhalten der Kinder einher.[61]

Wie soll man da schlafen können?

Destruktive Konflikte der Eltern wirken sich maßgeblich auf die Schlafqualität des Kindes aus. Da der Streit häufig abends stattfindet, ist das Kind diesem zu einem Zeitpunkt ausgesetzt, wo es zur Ruhe kommen und der Tag friedlich und harmonisch ausklingen sollte. Aufgrund der schon beschriebenen, durch den Konflikt ausgelösten negativen Gefühle (Angst, Verunsicherung, Schuldgefühle, Traurigkeit, Hilflosigkeit) ist ein normales Einschlafen oft unmöglich. Das Kind gerät in ein katastrophisierendes Denken und sieht alles düster und aussichtslos. Das bereits beschriebene Gedankenkarussell verhindert ein unbeschwertes Einschlafen und Durchschlafen. Nachts schreckt das Kind aufgrund von Albträumen mehrfach aus dem Schlaf, wacht immer wieder auf, horcht, ob immer noch gestritten wird, und findet nur schwer Ruhe. So sind Einschlaf- und Durchschlafstörungen bei Kindern, die destruktiven Konflikten der Eltern ausgesetzt sind, häufig.[62] Die Schlafprobleme nach destruktiven elterlichen Konflikten sind dabei bereits ab der Geburt nachweisbar. Die Effekte dauern zudem häufig über Jahre hinweg an.[63]

Warum sich Mühe geben?

Die Schulleistungen werden durch destruktive Konflikte der Eltern erheblich beeinflusst. Schüler:innen, welche vormals durch gute Noten brillierten und als unproblematisch galten, fallen auf einmal leistungsmäßig ab. Der Streit der Eltern führt, wie bereits erwähnt, häufig zu Gedankenkreisen und Schlafstörungen, welche sich ihrerseits auf die Konzentrations- und Leistungsfähigkeit auswirken. Das Kind kommt unausgeschlafen in den Unterricht, es fällt ihm schwer, sich auf den Schulstoff zu konzentrieren und diesem zu folgen.

Hinzu kommt, dass die Motivation, schulische Leistungen zu erbringen, verloren geht. Es gibt zurzeit wichtigere Dinge als Noten („Was bedeuten die elterlichen Konflikte? Werden sie sich scheiden lassen?"). Solche Fragen treiben das Kind um und lassen die Schule in den Hintergrund treten.

Manchmal gibt es jedoch auch den gegenteiligen Effekt, dass die Kinder die Schule als sicheren Rückzugsort erleben, wo sie den elterlichen Spannungen entfliehen können. Diese Kinder legen dann leistungsmäßig häufig zu und sind froh, wenigstens in diesem Bereich

Kontrolle zu besitzen. Hier erhalten sie von den Lehrpersonen und Gleichaltrigen die Aufmerksamkeit, Wertschätzung und Anerkennung für ihre Leistung, die ihnen zu Hause fehlen. So können sie sich wenigstens bei bestimmten Menschen gut fühlen und einen Stellenwert haben.

Beispiel

Mia (13 Jahre alt) war immer eine gute und motivierte Schülerin. Seit einem halben Jahr stellen ihre Lehrpersonen einen Leistungseinbruch fest. Sie sitzt häufig abwesend im Unterricht, beteiligt sich nicht an Gruppenübungen, wirkt zerstreut und fahrig, wenn sie aufgerufen wird. Vom Klassenlehrer darauf angesprochen, was mit ihr los sei, weicht sie aus und meint, dass nichts sei, sie habe nur schlecht geschlafen. Er kontaktiert daraufhin die Eltern und bittet sie um ein Gespräch. Er kennt sie schon von früheren Elterngesprächen. Diesmal wirken sie anders. Er spürt, dass es ihnen nicht gut miteinander geht.

Dann hau ich ab

Viele Kinder möchten den destruktiven Konflikten ihrer Eltern entfliehen. Das miese Familienklima belastet sie. Als Reaktion bauen sie eine Fantasie-Gegenwelt auf, spielen stundenlang Computerspiele oder schauen fern. Oftmals stellt man auch eine stärkere Außenorientierung fest, da die Kinder zu Hause möglichst wenig Zeit verbringen möchten, um nicht ständig den streitenden Eltern ausgesetzt zu sein. Dadurch kommt es zu einem frühen Abnabeln und Vermeiden des Zuhauses. Die Kinder suchen Nähe und Geborgenheit bei Gleichaltrigen oder in frühen Partnerschaften. Sie lernen früh, auf eigenen Beinen zu stehen und selbstständig zu werden.

Beispiel

Max (11 Jahre alt) sagt der Therapeutin, er habe das ewige Streiten satt. Sobald seine Mutter und ihr neuer Freund, der seit einem halben Jahr bei ihnen wohnt, zusammen sind, kommt es wegen Kleinigkeiten zum Streit. Zuerst beginnt es mit Nörgeln, dann fallen gemeine Bemerkungen und schließlich rastet die Mutter aus, weint oder schreit und läuft aus dem Raum. Sie schließt sich dann stundenlang auf der Toilette ein, er hört sie durch die Tür hindurch weinen. Es sei grässlich, er halte es nicht mehr aus. Praktisch jeden Abend das Gleiche. Um ihn gehe es nie, keiner hätte Zeit für ihn. Er habe die Schnauze voll. Sobald er 18 Jahre alt sei, haue er ab, dann sollen sie dieses Theater ohne ihn machen. Schon jetzt fliehe er von zu Hause so oft wie möglich. Am häufigsten würde er mit einem Schulfreund herumhängen, der in einer ähnlichen Situation sei.

Selbstevaluation Was beobachte ich bei meinem Kind, wenn ich mich mit meinem Partner, meiner Partnerin destruktiv streite?	Trifft gar nicht zu					Trifft sehr zu
	0	1	2	3	4	5
Mein Kind reagiert verunsichert und verängstigt.	☐	☐	☐	☐	☐	☐
Mein Kind reagiert ärgerlich und aggressiv.	☐	☐	☐	☐	☐	☐
Mein Kind reagiert traurig und zieht sich zurück.	☐	☐	☐	☐	☐	☐
Mein Kind macht sich Schuldgefühle.	☐	☐	☐	☐	☐	☐
Mein Kind mischt sich in den Konflikt ein und versucht, den Streit zu beenden.	☐	☐	☐	☐	☐	☐
Mein Kind wirkt unbeteiligt, als wäre ihm unser Streit egal.	☐	☐	☐	☐	☐	☐
Ich weiß gar nicht recht, wie mein Kind reagiert.	☐	☐	☐	☐	☐	☐

Merke

Kinder spüren kleine, feine Veränderungen im Verhalten der Eltern, spüren die Spannungen in der Luft und die Negativität. Sie merken, wenn nicht gut Kirschen essen ist. Auch wenn sie diese Spannungen nicht einordnen können, oder gerade deshalb, leiden sie unter destruktiven Konflikten. Entsprechend gelten destruktive Partnerschaftskonflikte als Hochrisikofaktor für eine ungünstige Entwicklung der Kinder.[64] Chronische destruktive Paarkonflikte erweisen sich sogar als schädlicher als eine Scheidung.[65] Besonders problematisch ist, dass die Eltern die Folgen für die Kinder häufig als weniger schwerwiegend wahrnehmen als die Kinder selbst.[66]

Die Dosis ist das Gift

Besonders problematisch für Kinder ist es, wenn verschiedene negative Aspekte zusammentreffen. Auf diese wird nachfolgend detaillierter eingegangen.

Je chronischer und häufiger elterliche Konflikte auftreten und das Familienklima prägen, desto schädlicher sind sie für die Kinder. Einerseits, weil sie diesen Konflikten rein quantitativ sehr lange ausgesetzt sind, andererseits, weil häufige Negativität zwischen den Eltern wenig Raum für positive Interaktionen lässt und den Kindern den Eindruck vermittelt, dass der Alltag von Negativität dominiert wird. Diese negative Energie prägt das Familienklima. Die eigenen vier Wände stehen in der Regel für Rückzug und einen „sicheren Hafen". Das Zuhause sollte eine wichtige Oase der Ruhe, der Geborgenheit und Sicherheit darstellen. Daheim sollte man sich sicher fühlen, die praktische und emotionale Unterstützung erhalten, deren man bedarf, und so sein können, wie man ist.

Wenn nun aber die Eltern häufig destruktiv streiten, vergiften sie diese Oase. Das Zuhause wird zu einem Ort der Unsicherheit und des Unbehagens. Das Kind kommt damit nirgends mehr zur Ruhe, ihm fehlt ein sicherer Rückzugsort. Daher ist das Paarklima die wichtigste Einflussgröße für das Familienklima, wichtiger noch als die Qualität der Geschwisterbeziehungen oder die Eltern-Kind-Beziehung. Ein negatives Paar- und Familienklima wirkt sich seinerseits ungünstig auf die Bindung zwischen Eltern und Kind aus.[67] Die Eltern sind zu sehr mit sich selbst und ihren Sorgen beschäftigt, als dass sie noch Zeit und Energie für die Bedürfnisse des Kindes hätten.

Tragen die Eltern ihre Konflikte vor den Kindern oder in deren Hörweite aus, werden die Kinder Teil der Konflikte. Gehen die Eltern aber nach draußen, um zu streiten, kann auch das problematisch sein, da die Kinder bereits gespürt haben, dass dicke Luft herrscht, und sich nun umso mehr Sorgen machen, wenn die Eltern weggehen und für längere Zeit nicht nach Hause kommen. Was geschieht da draußen? Je länger die Eltern nicht nach Hause kommen, desto besorgter und unruhiger werden die Kinder.

Besonders problematisch ist, wenn die Kinder in den Konflikt direkt hineingezogen werden. Dies kann auf vielfältige Weise geschehen, indem die Eltern:

- während des Streits den Namen des Kindes nennen oder in Äußerungen auf es anspielen:

  Beispiele

  „Hör damit auf, du weißt genau, dass Tamara in der Schule Schwierigkeiten macht, das hast du davon."

  „Nerv nicht auch wie deine Tochter den ganzen Nachmittag!"

  „Dann mach du es mal besser, erzieh du ein schwer erziehbares Kind!"

  „Super, dass du deine Gene unserem Sohn vererbt hast."

- das Kind als Mitkämpfer einspannen:

  Beispiele

  „Nicht wahr, Sara, du kannst bezeugen, dass ich nicht mit Streiten angefangen habe!"

  „Wie soll man da ruhig bleiben, wenn er einen so gemein angreift und fertigmacht?"

- das Kind zum Komplizen und Verbündeten machen, indem sie ihm vertrauliche Informationen über den Partner, die Partnerin geben, es in Geheimnisse einweihen und es in seiner Meinung zu beeinflussen versuchen:

  Beispiele

  „Weißt du, dein Vater kommt aus einem ganz schwierigen Elternhaus … Da war Gewalt ein ständiges Thema."

  „Deine Mutter hat psychische Probleme. So verhält sich niemand, der gesund ist."

- während des Streits um die Meinung des Kindes bitten:

  Beispiele

  „Wie siehst du das, bin ich wirklich im Unrecht?"

  „Würdest du dich nicht auch veräppelt fühlen?"

  „Das ist doch unglaublich, oder? Das brauche ich mir nicht gefallen zu lassen!"

„Bin ich etwa ein Monster, wenn ich für Respekt und Anstand kämpfe?“

- aktiv das Kind dazu auffordern, einen zu trösten oder anderweitig zu unterstützen:
  Beispiele
  „Es tut so weh, wenn dein Vater so gemein zu mir ist!“
  „Zum Glück habe ich ja noch dich, du verstehst mich wenigstens …“

- das Kind als Klagemauer benutzen:
  Beispiel
  „Ich halte das einfach nicht mehr aus. Manchmal möchte ich nicht mehr leben. Niemand sollte sich so behandeln lassen müssen. Das kannst du doch verstehen, oder?“

- das Kind als Spion oder Nachrichtenübermittler einsetzen:
  Beispiele
  „Sag du ihr, dass ich unter diesen Umständen nicht mehr nach Hause komme.“
  „Kannst du mal herausfinden, wo er sich über Mittag herumtreibt?“

Selbstevaluation Beziehe ich das Kind / die Kinder / ein bestimmtes Kind aus unserer Familie in unsere Konflikte ein?	Trifft gar nicht zu					Trifft sehr zu
	0	1	2	3	4	5
Wenn wir streiten, steht dies oft im Zusammenhang mit unserem Kind / unseren Kindern oder einem bestimmten Kind.	□	□	□	□	□	□
Während des Streits kommt es vor, dass der Name eines Kindes fällt.	□	□	□	□	□	□
Während des Konflikts frage ich das Kind / die Kinder / ein bestimmtes Kind, ob es/sie das auch so sieht/sehen.	□	□	□	□	□	□

Selbstevaluation **Beziehe ich das Kind / die Kinder / ein bestimmtes Kind aus unserer Familie in unsere Konflikte ein?**	Trifft gar nicht zu					Trifft sehr zu
	0	1	2	3	4	5
Im Streit lade ich ein Kind / die Kinder / ein bestimmtes Kind ein, Partei für mich zu ergreifen und mich zu unterstützen.	☐	☐	☐	☐	☐	☐
Ich schubse unser Kind / unsere Kinder / ein bestimmtes Kind während des Konflikts weg oder schreie es an, damit es weggeht.	☐	☐	☐	☐	☐	☐
Ich frage unser Kind / unsere Kinder / ein bestimmtes Kind nach dem Konflikt, ob es meinen Standpunkt nachvollziehen kann.	☐	☐	☐	☐	☐	☐
Ich lasse unser Kind / unsere Kinder / ein bestimmtes Kind meinen Frust spüren, wenn es mich nicht unterstützt hat.	☐	☐	☐	☐	☐	☐

Selbstevaluation **Bezieht mein Partner, meine Partnerin das Kind / die Kinder / ein bestimmtes Kind aus unserer Familie in unsere Konflikte ein?**	Trifft gar nicht zu					Trifft sehr zu
	0	1	2	3	4	5
Bei einem Paarkonflikt sucht mein Partner, meine Partnerin die Unterstützung durch unser Kind / unsere Kinder oder ein bestimmtes Kind.	☐	☐	☐	☐	☐	☐
Während des Konflikts fragt mein Partner, meine Partnerin das Kind / die Kinder / ein bestimmtes Kind, ob es das auch so sieht wie er/sie.	☐	☐	☐	☐	☐	☐
Im Streit lädt mein Partner, meine Partnerin unser Kind / unsere Kinder / ein bestimmtes Kind ein, Partei für ihn/sie zu ergreifen und ihn/sie zu unterstützen.	☐	☐	☐	☐	☐	☐
Er/sie schubst unser Kind / unsere Kinder / ein bestimmtes Kind während des Konflikts weg oder schreit es an, damit es weggeht.	☐	☐	☐	☐	☐	☐

Selbstevaluation Bezieht mein Partner, meine Partnerin das Kind / die Kinder / ein bestimmtes Kind aus unserer Familie in unsere Konflikte ein?	Trifft gar nicht zu					Trifft sehr zu
	0	1	2	3	4	5
Mein Partner, meine Partnerin fragt unser Kind / unsere Kinder / ein bestimmtes Kind nach dem Konflikt, ob es seinen/ihren Standpunkt nachvollziehen kann.	☐	☐	☐	☐	☐	☐
Er/sie lässt unser Kind / unsere Kinder / ein bestimmtes Kind seinen/ihren Frust spüren, wenn es ihn/sie nicht unterstützt hat.	☐	☐	☐	☐	☐	☐

Niemand wird gerne in Konflikt hineingezogen. Kein Kind möchte Partei ergreifen, sich für den einen oder anderen aussprechen und dadurch dem anderen in den Rücken fallen müssen. Und für die Kinder ist besonders schlimm, wenn die Konfliktparteien die eigenen Eltern sind. Und schlimm ist zudem, dass die Eltern nicht mehr am selben Strang ziehen, sondern sich gegenseitig sabotieren. Sie nutzen die Erziehung als weiteren Kampfschauplatz: Während der eine Elternteil das eine vom Kind fordert, widerspricht der andere und fordert das Gegenteil. Die Eltern sabotieren sich gegenseitig und arbeiten gegeneinander. Wenn der eine Elternteil dem Kind sagt, dass es zuerst das Zimmer aufräumen müsse, bevor es gamen dürfe, lässt der andere Elternteil die Unordnung durchgehen und meint, dass das mit dem Aufräumen nicht so ernst gemeint sei. Das Kind erhält dadurch unterschiedliche Signale und wird verwirrt („Was gilt nun eigentlich?"). Das erleichtert es ihm aber auch, die Eltern gegeneinander auszuspielen.

Beispiel

Pascal und Marc haben eine Tochter Marie (9 Jahre alt). Seit Längerem geht es ihnen nicht gut miteinander. Pascal ist im Geschäft sehr gestresst. Seine Firma wurde vor einem halben Jahr fusioniert. Nun muss er in einer neuen Abteilung mit neuen Mitarbeitenden anderen Aufgabenbereichen nachgehen und fühlt sich überfordert. Entsprechend oft kommt er mit schlechter Laune nach Hause und ist sehr dünnhäutig. Marc findet das nicht amüsant und ist seinerseits abweisend und schnippisch. So kommt es immer häufiger zum Streit über alles. Beide bemühen sich zwar, vor Marie die Fassung zu wahren, doch dafür sabotieren sie sich gegenseitig in der Erziehung. Wenn Marc Marie auffordert, ihre Hausaufgaben zu machen, winkt Pascal ab und meint, sie solle doch noch bei ihnen sitzen bleiben. Wenn Pascal sie auffordert, ins Bett zu gehen, lässt sie Marc noch weiter fernsehen. Wenn Pascal am Wochenende seine Ruhe möchte und sich demonstrativ ins Zimmer zurückzieht, fordert Marc die Tochter auf, Pascal zu fragen, ob er nicht auch beim Gesellschaftsspiel mitspielen wolle.

Merke
Paarkonflikte wirken sich erheblich auf das elterliche Zusammenspiel in der Erziehung aus. Sie reduzieren die Bereitschaft zur Kooperation in der Erziehung, sodass Eltern nicht mehr am selben Strang ziehen.[68] Oftmals werden Paarkonflikte auf diese Weise in die Erziehung hineingetragen, und es wird ein weiterer Schauplatz der Auseinandersetzung eröffnet. Es geht dabei selten um das Kind, sondern darum, anderer Meinung als der Partner, die Partnerin zu sein, ihm/ihr zu widersprechen, es anders zu machen und sich mit den eigenen Argumenten und Einstellungen durchzusetzen. Das Kind wird zum Spielball, auf dessen Rücken der Machtkampf der Eltern ausgetragen wird.

Auf der anderen Seite tragen destruktive Paarkonflikte auch dazu bei, dass die Erziehung selbst leidet. Aufgrund der eigenen starken negativen Emotionen während und nach dem Konflikt sind die Eltern häufig nicht in der Lage, dem Kind Struktur zu geben. Sie sind gefühlsmäßig absorbiert und lassen das Kind einfach gewähren. Sie haben aber auch nicht die Kraft, dem Kind ihre Liebe zu zeigen und ihm mit offenem Herzen zu begegnen. Aus Schuldgefühlen heraus, dass man dem Kind mit dem Streiten schaden könnte, verwöhnt man es übermäßig und lässt ihm Dinge durchgehen, die man normalerweise nicht tolerieren würde. Das Kind erfährt dadurch keine Vorhersehbarkeit und Kontrolle, die für eine gesunde Entwicklung zentral wichtig sind.

Beispiel

Sybille hatte in ihrer Erziehung stets eine klare Linie. So wollte ihrer Tochter Alexis (14 Jahre alt) mit Liebe und Verständnis, aber auch mit klaren und nachvollziehbaren Absprachen eine gesunde Entwicklung ermöglichen. Seit sich ihre Beziehung mit Andreas drastisch verschlechtert hat und es immer wieder zu ausfälligen Streitszenen kommt, schämt sie sich. Sie weiß, dass diese Konflikte dem Kind schaden. Sie macht sich selbst schwere Vorwürfe, zumal sie merkt, dass es Alexis nicht gut geht. Sie wirkt oft bedrückt und zieht sich am Abend oder am Wochenende in ihr Zimmer zurück. Wenn sich Sybille überwindet, zu ihr zu gehen, ist ihre Tochter abweisend. Aus einem schlechten Gewissen heraus legt sie ihr oft ein kleines Geschenk aufs Bett, als Überraschung nach der Schule. Wenn Alexis nachts viel später als vereinbart nach Hause kommt oder ohne ihr mitzuteilen, mit wem sie ausgeht, einfach wegbleibt, nimmt sie dies resigniert zur Kenntnis. Früher hätte sie dies nicht durchgehen lassen und hätte das Gespräch mit der Tochter gesucht. Doch nun denkt sie, dass ihr das nicht mehr zusteht. Wie kann sie die Tochter für ein Fehlverhalten zurechtweisen, wenn sie und Andreas sich selbst so danebenbenehmen?

Analyse

Analysieren Sie dieses Beispiel. Welches könnten die Gründe dafür sein, dass Sybille so reagiert? Was könnte sie anders machen?

Ideal ist, wenn Ihr Partner, Ihre Partnerin das Beispiel unabhängig von Ihnen ebenfalls analysiert. Tauschen Sie sich anschließend aus und diskutieren Sie Ihre jeweiligen Sichtweisen.

Meine Analyse des Beispiels: Sybille realisiert, dass ihre destruktiven Konflikte mit Andreas für Alexis schwierig sind. Sie schämt sich, dass sie ihre Gefühle während der Konflikte nicht besser im Griff hat und es immer wieder zu ausfälligen Streitszenen kommt. Dass Alexis diesen Konflikten ausgesetzt ist, beschäftigt sie, und sie macht sich Selbstvorwürfe. Ihre Erziehung zeichnet sich durch Verwöhnen (sie legt oft ein kleines Geschenk auf Alexis' Bett, als Überraschung nach der Schule) und Inkonsistenz aus (Regeln werden nicht mehr beachtet und die Tochter braucht sich nicht mehr daran zu halten). Die Mutter verliert dadurch ihren erzieherischen Einfluss auf die Tochter, welche zusehends macht, was sie will (bleibt dem Zuhause fern, hängt mit Leuten rum, welche die Mutter nicht kennt, kommt später als vereinbart nach Hause). Beiden geht es dabei nicht gut, die Tochter leidet und zieht sich zurück, die Mutter verliert ihren guten Draht zu ihr. Die beiden driften auseinander, und Alexis orientiert sich immer stärker nach außen.

Sybille könnte Folgendes tun: (a) Alexis erklären, dass sie und Andreas aktuell eine schwierige Phase durchmachen und nicht mehr miteinander klarkommen. Sie möchten dies ändern, doch gelingt es ihnen aus eigener Kraft nicht. Sie wollen versuchen, professionelle Hilfe in Anspruch zu nehmen, (b) Alexis um Verständnis, aber auch Entschuldigung bitten, dass sie diese Konflikte immer wieder mitbekommt und diesen hässlichen Seiten ihrer Beziehung ausgesetzt ist, und (c) mit Alexis Strategien ausarbeiten, wie sie sich selbst schützen kann. Sie kann ihr zudem versichern, dass sie an den Konflikten keine Schuld hat.

Folgen der verschiedenen Konfliktstile für Kinder

Nachfolgend wollen wir die Auswirkungen der verschiedenen, in Kapitel 2 vorgestellten Konfliktstile auf die Kinder kurz erläutern. Dabei wird auf die typischen Aspekte der Konfliktstile und deren Folgen für die Kinder eingegangen.

Auswirkungen des vermeidenden Konfliktstils auf Kinder

Kinder sind exzellente Beobachter. Sie lernen das meiste Verhalten durch Beobachtung. Sie schauen, was Mama und Papa und andere machen, wie und wann sie es tun und welche Konsequenzen dies hat. Verhalten, das sich zu lohnen scheint, spornt mehr zur Nachahmung an als solches, das mit negativen Folgen einhergeht.[69]

Wenn die Eltern nie streiten, fehlen den Kindern Verhaltensmodelle, wie man mit Konflikten umgehen kann. Sie lernen nicht, wie man auf angemessene Weise Störendes mitteilt, wie man ein Konfliktgespräch konstruktiv führt und wie man Lösungen für die Probleme finden kann. Sie wissen gar nicht, was Konflikte sind. Sie werden nicht gegen Konflikte „geimpft“, indem sie dosierten Konflikten ausgesetzt werden und die Erfahrung machen können, dass diese zu einer Beziehung dazugehören. Kinder, welche zu Hause nie Konflikte erlebt haben, leben in einer Blase und erschrecken als Erwachsene, wenn es in ihrer eigenen Partnerschaft auf einmal zum Streit kommt. Sie wissen dann nicht, wie sie damit umgehen sollen, und erleben ihn als etwas Bedrohliches.

Für Kinder ist ein vermeidender Konfliktstil der Eltern auch deshalb ungünstig, weil ihnen Modelle fehlen, wie man eigene Gefühle und Bedürfnisse wahrnimmt, benennt und bewältigen kann. Denn Konflikte stellen eine wichtige Form der Emotionsregulation dar. Man fühlt sich durch ein Verhalten des Partners, der Partnerin nicht ernst genommen, nimmt dies wahr und spürt negative Emotionen. Man ärgert sich, ist enttäuscht, traurig. Wenn das Problem andauert, schlägt Traurigkeit in Hilflosigkeit, Hoffnungslosigkeit und Resignation um. Man denkt, dass sich nichts ändern lässt, man es akzeptieren muss („Sie ist halt so, daran lässt sich nichts ändern“) oder dass eine Trennung vom Partner, von der Partnerin unausweichlich ist („Wenn ich mich darüber ständig aufrege und nicht das bekomme, was ich brauche, muss ich ihn halt verlassen“). Beim vermeidenden Konfliktstil bekommt das Kind nur die generelle Unzufriedenheit und am Ende die Konsequenzen mit, jedoch nicht, warum man unzufrieden ist, was dies auslöst und wie man es verändern könnte.

Zudem erweist sich der vermeidende Konfliktstil der Eltern für die Kinder auch deshalb als problematisch, weil die Eltern auch für sie weniger emotional verfügbar sind und ihnen weniger emotionale Wärme, Geborgenheit und Unterstützung geben können.[70]

Merke
Konflikte sollten auch den Kindern zuliebe nicht vermieden werden. Kinder sollen sich an Konflikte gewöhnen, sie als etwas Natürliches erleben und die Erkenntnis, dass Konflikte zu Partnerschaften dazugehören, in ihre späteren eigenen Beziehungen mitnehmen. Gleichzeitig lernen Kinder durch Konflikte, eigene Bedürfnisse wahrzunehmen, diese auszudrücken und ihre Emotionen zu regulieren. Sie lernen, gemeinsam nach Lösungen zu suchen. Je besser die Eltern als Verhaltensmodelle dies vorleben,

d.h., je konstruktiver sie Konflikte bewältigen, desto günstiger ist dies für die Kinder.

Auswirkungen des schwelenden Konfliktstils auf Kinder

Wenn Eltern sich schwelend streiten, nehmen Kinder dies wahr. Es gibt ihnen Anlass zu Verunsicherung und Sorge. Wenn das Kind die Gründe verstehen kann, weshalb sich die Eltern streiten, mildert dies zwar nicht ihren Stress, gibt ihnen jedoch eine gewisse Orientierungshilfe. Sie können je nach Alter das Geschehen besser einordnen. Bei schwelenden Konflikten, bei denen die Gründe für die schlechte Stimmung nicht bekannt sind, fällt es ihnen besonders schwer, nachzuvollziehen, was los ist. Sie sind umso stärker verunsichert, wenn nicht klar ist, was dieses frostige Klima verursacht hat und warum Mama oder Papa so reagieren. Sie suchen nach Hinweisen und finden keine. Sie verstehen das Verhalten nicht, können den Tonfall und die Handlungen der Eltern nicht richtig interpretieren und sind verunsichert, weshalb es Mama oder Papa auf einmal nicht mehr gut geht, warum sie sich so seltsam verhalten. Sie spüren, dass es mit den beiden zu tun hat, doch es gelingt ihnen nicht, klare Zusammenhänge herzustellen.

Beispiel

Julias Mutter war dem Vater gegenüber häufig abweisend und feindselig. Sie kritisierte ihn kaum, sondern „bestrafte" ihn vielmehr durch Weggehen und Anschweigen. Sie ging in ihr Zimmer, legte sich aufs Bett und starrte an die Decke oder setzte sich im Wohnzimmer aufs Sofa und ignorierte ihn, als wäre er Luft. Es konnte bis zu zwei Wochen dauern, in denen sie den Vater links liegen ließ.

Nun, als Erwachsene, ist Julia selbst in einer Paarbeziehung und wird diese Eindrücke nicht los. Sie schildert eine Szene aus der eigenen Partnerschaft: Eines Tages hatte sie den Partner verärgert, weil sie nach der Arbeit unangemeldet eine Freundin mit nach Hause gebracht hatte. Er reagierte kurz angebunden und zog sich gleich in sein Zimmer zurück. Er grüßte nicht mal die Freundin. Zum Abendessen erschien er nicht, er habe noch viel zu tun und wolle einen Bericht fertigstellen. Julia erinnerte sich an die Reaktionen ihrer Mutter zurück und fühlte sich schlecht.

Schwelende Konflikte lassen Kinder mit dem Eindruck zurück, dass etwas nicht stimmt, ohne zu wissen, was es ist und was sie selbst damit zu tun haben. Besonders kleinere Kinder neigen dazu, den Fehler bei sich zu suchen. Aufgrund des egozentrischen Denkens dieser Entwicklungsphase nehmen sie an, dass sie es sind, welche die negative Stimmung bewirkt haben, weil sie etwas falsch gemacht haben, nicht artig waren oder Mama oder Papa enttäuscht haben. Dieses Grundgefühl, für die nicht einordbare Negativität verantwortlich zu sein, zieht sich durch ihre ganze Kindheit und Jugend hindurch und färbt ihre Wahrnehmung von Konflikten.

Bei schwelenden Konflikten der Eltern sind folgende Auswirkungen häufig:

- Die Kinder sind desorientiert und verwirrt.
- Da nicht über die Gründe für den Konflikt gesprochen wird, können die Kinder nicht einordnen, worum es geht und was geändert werden müsste, um die unerträgliche Situation zu beenden oder künftig zu vermeiden.
- Die Kinder sind der negativen Atmosphäre ungefiltert ausgesetzt. Sie schwingen stimmungsmäßig mit und fühlen sich ebenfalls schlecht. Sie können ihre Gefühle nicht einordnen und ausdrücken. Sie erfahren auch nichts über die Gefühle der Eltern und lernen keinen konstruktiven Umgang mit Gefühlen.
- Die Kinder befürchten, auch künftig in solche Situationen zu geraten, und sind gestresst in der Erwartung, wann sie wieder auftreten werden.
- Besonders häufig sind Gefühle der Hilflosigkeit. Die Kinder haben in der Situation keine Kontrolle – weder im Vorfeld noch während des Konflikts oder danach.
- Die Kinder haben oft Schuldgefühle und denken, dass die Eltern sich wegen ihnen so verhalten.
- Besonders schlimm ist, wenn auf die Bemühungen der Kinder um *Klärung* („Was habe ich denn getan?"), *Schlichtung* („Es tut mir leid, das habe ich nicht gewollt"), *Entschuldigung* („Entschuldige, ich habe mich danebenbenommen") oder *Reparatur* („Was kann ich denn machen, damit es euch wieder gut miteinander geht?")

nicht eingegangen wird und ihre Anstrengungen zur Normalisierung keine Früchte tragen.
- Häufig werden die Kinder ebenfalls in den Konflikt hineingezogen und die Eltern reden auch mit ihnen nicht. Der schwelende Konflikt vergiftet das gesamte Familienklima.
- Wenn der schwelende Konflikt über Tage oder Wochen andauert, ist dies besonders leidvoll für Kinder.

Merke
Schwelende Konflikte sind wie bei einem Feuer eine lauernde Gefahr. Man kann schwer einschätzen, ob die Glut bereits erloschen ist oder ob sie nochmals aufflackern wird. Diese Unberechenbarkeit und mangelnde Kontrolle machen diesen Konflikttyp für die Kinder äußerst problematisch. Viele würden ein reinigendes Gewitter, das auch einmal vorbei ist und nach dem die Sonne wieder scheint, dieser bedrückenden Stimmung vorziehen.

Auswirkungen des passiv-aggressiven Konfliktstils auf Kinder

Wie wir gesehen haben, ist passiv-aggressives Verhalten schon für Erwachsene schwer zu erkennen. Für Kinder ist es häufig noch irritierender. Sie merken atmosphärisch, dass die Eltern negativ unterwegs sind, können jedoch nicht verstehen, was genau gespielt wird, und sind verwirrt. Doppelbotschaften (eigentlich ist die Handlung feindselig, andererseits wird sie als freundliche, großzügige oder unterstützende Tat ausgegeben) gehören zu den psychologisch schwierigsten Situationen. Man weiß nicht, woran man ist. Diese Ungewissheit geht mit hohem Stress bei den Kindern einher. Da Kinder häufig intuitiv spüren, verunsichert sie passiv-aggressives Verhalten besonders. Da das Verhalten scheinbar positiv ist, beginnen sie, an ihrem Gespür zu zweifeln und ihren Einschätzungen und Gefühlen zu misstrauen. Dies führt zu einer emotionalen Verunsicherung.

Beispiel
Tim (12 Jahre alt) ist in seiner Klasse mäßig beliebt. Er gilt als Aufschneider. Viele meiden ihn, einige zieht er jedoch mit seiner großspurigen Angeberei auch an. Er scheint nicht im Lot zu sein. Die Partnerschaft seiner Eltern ist zerrüttet. Jedes Mal, wenn er nach Hause

kommt, realisiert er die seltsame, schwer fassbare Stimmung. Objektiv ist nicht feststellbar, dass sich seine Eltern nicht mehr mögen. Der Vater scheint sogar ganz nett mit seiner Mutter umzugehen. Er ist hilfsbereit, macht flotte Sprüche und lässt sich selten aus der Ruhe bringen. Er hat ihn noch nie laut werden hören. Seine Mutter wirkt dagegen häufig etwas bedrückt, und oft kommt es vor, dass sie den Vater abkanzelt. Tim fühlt sich zu Hause nicht wohl und kann nicht festmachen, woran dies liegt. Er ist daher viel weg, meist kommt er spät nach Hause und verschwindet dann schnell in sein Zimmer.

Eines Tages ist er zu einer Party bei Daniel eingeladen. Er realisiert, dass dessen Eltern ganz anders miteinander umgehen. Denen scheint es wirklich gut miteinander zu gehen. Er spürt Neid. Warum hat der es besser als er? Er fragt, ob er Daniels Zimmer sehen darf. Dieser zeigt es ihm. Er hat ein Meerwasser-Aquarium mit schönen bunten, exotischen Fischen. Das könne er abends beleuchten, zum Einschlafen sei es super, meint Daniel. Er liege im Bett und betrachte die schwimmenden Fische, dann schlafe er ein. Tim ist beeindruckt und erkundigt sich, ob so ein Aquarium viel Arbeit mache. Daniel meint, dass das kein Problem sei. Es dürfe einfach keinen längeren Stromausfall geben, die Pumpe müsse funktionieren. Später schleicht sich Tim unbemerkt in Daniels Zimmer und schiebt ein Stück Koralle in die Rückförderpumpe. Diese blockiert.

Merke
Ein passiv-aggressiver Konfliktstil gehört zu den besonders schwierigen Kommunikationsmustern für Kinder. Da der Konflikt nicht offen geführt wird, fehlt es an Transparenz, und die Kinder können das Ganze nicht einordnen. Sie wissen nicht, woran sie sind und worum es geht. Sie nehmen die Spannungen nur atmosphärisch wahr. Dass ein Elternteil sein negatives Verhalten als positiv beabsichtigt ausgibt, führt zu Irritationen, Unsicherheit und Misstrauen.

Auswirkungen des verbal-aggressiven Konfliktstils auf Kinder

Laute, aggressive Konflikte gehen mit einer starken physiologischen Erregung des Kindes einher. Das Kind wird durch die Hitzigkeit des Konflikts und dessen Lautstärke von Stresshormonen (Adrenalin, Noradrenalin und Cortisol) geflutet. Die elterliche Auseinandersetzung führt beim Kind zu einer Erhöhung des Pulses (bis hin zu Herzrasen) und des Blutdrucks.

Aufgrund der starken physiologischen Flutung verlieren viele Kinder oftmals den Bezug zu sich. Sie sind nicht mehr imstande, ihre heftigen Gefühle zu kontrollieren. Sie klinken aus und zeigen ungewohnte Verhaltensweisen oder unbekannt heftige Reaktionen, unmittelbar in der Situation oder anschließend. So kann es zu eigenem aggressivem, unkontrolliertem Verhalten kommen.

Im Anschluss an solche Erfahrungen kann es zu einer Koppelung von Konflikten mit dieser starken Erregung kommen,[71] worauf das Kind künftig bereits bei ersten Anzeichen für Konflikte (z.B. negative Mimik, ausfahrende Gestik, bedrückendes Familienklima oder einzelne Reizwörter) mit einer starken Erregung reagiert. In der Folge zieht sich das Kind zurück und geht den Konflikten und den Eltern aus dem Weg. Oftmals verkennen die Eltern den inneren Rückzug des Kindes und interpretieren ihn als Autonomiebestreben.

Wenn das Kind destruktiven elterlichen Konflikten sehr häufig ausgesetzt ist, kann sein Stresssystem geschädigt werden. Ist der Cortisolspiegel des Kindes chronisch erhöht, kann es zum sogenannten *Hypercortisolismus* („Cushing-Syndrom") kommen. Merkmale dieses Krankheitsbildes sind:

- hoher Blutdruck und Gefahr von Herzerkrankungen,
- höhere Krankheitsanfälligkeit,
- Schlafstörungen und trotz Schlafs ein Fehlen des Gefühls, ausgeruht zu sein,
- Müdigkeit und Abgeschlagenheit,
- Konzentrationsprobleme und Unaufmerksamkeit,
- häufiges Vergessen,
- Stimmungsschwankungen mit leichter Irritierbarkeit, Ängstlichkeit, Niedergeschlagenheit,
- Neigung zu Übergewicht und Gefahr von Diabetes,
- stärkeres Schmerzempfinden (Rückenschmerzen, Bauchschmerzen).

Auf der anderen Seite kann es bei einer zu langen hohen Cortisolausschüttung zu einer Erschöpfung der Nebenniere (Nebennierenrindeninsuffizienz) und zum sogenannten *Hypocortisolismus* (mit im schlimmsten Fall „Morbus Addison“) kommen. Dabei wird der Körper mit Cortisol unterversorgt, was mit Symptomen wie Müdigkeit (vor allem morgens), Energielosigkeit und niedrigem Blutdruck und Konzentrationsproblemen einhergeht. Auch sind die Kinder häufig dünnhäutig und leichter reizbar.

Merke
Wenn es mal laut wird, schädigt dies Kinder nicht. Aber häufige und immer wiederkehrende destruktive, verbal-aggressive Konflikte sind ein Problem für ihre Entwicklung.

Verbal-aggressives Verhalten der Eltern kann zudem über Modelllernen vom Kind übernommen werden.

Wissenswertes aus der Forschung
Vor allem Mädchen ahmen das Verhalten der Mütter häufig nach und zeigen gegenüber ihren Klassenkameradinnen ähnliche ungünstige Konfliktverhaltensweisen wie die Mutter im Streit zu Hause (Einbezug anderer in den Konflikt, Kommunikationsverweigerung, verbale und körperliche Aggression), während das väterliche Verhalten von Mädchen und Jungen insgesamt seltener nachgeahmt wird.[72] Dies kann auch damit zu tun haben, dass Väter häufiger mit Rückzug *(withdraw)* reagieren, welches als Verhaltensmuster weniger eingängig ist und sich daher als Modell weniger prägnant erweist.

Vergleicht man die Kommunikation von Frauen und Männern in ihrer Partnerschaft in Abhängigkeit von ihrem biographischen Hintergrund (Scheidung der Eltern, welche meistens mit destruktiven Konflikten einhergeht, versus keine elterliche Scheidung), zeigt sich ein vergleichbares Bild: Frauen, deren Eltern dysfunktional gestritten und sich schließlich scheiden ließen, wiesen ihrem Partner gegenüber mehr nonverbale und verbale Negativität auf als Frauen aus intakten Familien ohne Scheidung. Auch diese Studie[73] belegt die Wirkung von Modelllernen insbesondere bei Frauen, da sich bei Männern kein signifikanter Effekt fand.

Auswirkungen des gewalttätigen Konfliktstils auf Kinder

Zeugen von psychischer und/oder physischer Gewalt der Eltern zu werden, ist für Kinder besonders schlimm. Sie suchen Schutz, Halt und Geborgenheit bei beiden Elternteilen gleichermaßen, und es verstört sie, wenn die beiden in derart destruktiver Weise miteinander umgehen. Entsprechend finden sich im Zuge elterlicher partnerschaftlicher Gewalt häufig psychische Auffälligkeiten bei den Kindern, die das gesamte Störungsspektrum umfassen können (Ängste, Aggressionen, Depressionen, ADHS, Essstörungen, Substanzabhängigkeiten etc.). Die Kinder reagieren auf Gewalt bereits ab dem ersten Lebensjahr, zeigen Störungen beim Füttern, Schlafen und der Gefühlsregulation. Sie sind leicht irritierbar, weinen viel und schreien oft. In der frühen Kindheit und bei der Einschulung werden psychische Auffälligkeiten dann besonders sichtbar, und oft ziehen sich die Verhaltensprobleme bis in die Adoleszenz und das Erwachsenenalter hinein. Gewalt in der Partnerschaft gilt als ein Hochrisikofaktor für die Entwicklung psychischer Störungen bei Kindern. Die Prozesse und Mechanismen sind ähnlich wie bei den anderen bereits beschriebenen destruktiven Konfliktstilen, allerdings sind sie aufgrund der hohen Intensität der Destruktion besonders ausgeprägt und können entsprechend wie beim verbal-aggressiven Konfliktstil zusätzlich zu körperlichen Schädigungen (Hyper- oder Hypocortisolismus) führen.

Merke

Ein gewaltsamer Konfliktstil ist für Kinder hochproblematisch. Er erhöht das Risiko für kindliche Auffälligkeiten. Problematisch ist zudem, dass dieser Konfliktstil von Generation zu Generation weitergegeben wird.[74]

Auswirkungen des konstruktiven Konfliktstils auf Kinder

Ein konstruktiver Konfliktstil der Eltern trägt maßgeblich zu einem positiven Familienklima bei. Die Kinder fühlen sich zu Hause wohl und geborgen und nehmen die Familie als sicheren Hafen wahr, wo sie Schutz und Ruhe und bei Problemen ein offenes Ohr finden. Sie lernen früh, dass Konflikte ganz natürlich zum Alltag dazugehören und keine Bedrohung darstellen. Sie machen die Erfahrung, dass dadurch Spannungen aus dem Weg geräumt werden können und man sich durch das konstruktive Austragen von Konflikten auch näherkommt. Sie erleben, dass man nicht immer derselben Meinung zu sein braucht (Nicht-Übereinstimmung), dass man auch kritisieren darf (konkrete Kritik), und lernen, wie emotionale Selbstöffnung aussieht.

Wenn die Eltern Probleme ansprechen und benennen, was sie aus welchen Gründen stört und was das mit ihnen macht (emotionale Selbstöffnung), lernen die Kinder vier Dinge:

- dass man Dinge ansprechen darf, welche einen stören,
- dass man analysieren soll, was einen aus welchen Gründen stört,
- dass man die damit einhergehenden negativen Gedanken und Gefühle wahrnehmen und äußern darf,
- dass man dadurch Lösungen finden kann.

Wenn Kinder Zeugen elterlicher emotionaler Selbstöffnung werden, tendieren sie nicht nur selbst mehr zu dieser Form der Kommunikation (sowohl als Kinder, Jugendliche wie auch später als Erwachsene), sie lernen auch insgesamt *emotionale Intelligenz*. Durch die emotionale Selbstöffnung der Eltern fällt es den Kindern leichter, eine Verbindung zwischen Situationen, Gedanken und Gefühlen herzustellen („Weil Papa der Mama nicht geholfen hat [Situation], hat Mama dies als Ablehnung interpretiert [Gedanke/Einschätzung] und sich vernachlässigt und traurig gefühlt [Gefühl]"). Damit erkennen sie, dass Gefühle Folgen von Handlungen anderer sein können und dass ihnen Gedanken wie Einschätzungen und Interpretationen vorangehen.

Die Kinder lernen durch die Verhaltensmodelle der Eltern, dass Gedanken oder Interpretationen einer Situation als *Provokation* oder *Schädigung* mit Ärger einhergehen („Das hast du absichtlich gemacht. Dein Verhalten macht mich richtig sauer"), während eine Interpretation als *Verlust* Traurigkeit auslöst („Du hast mich nicht beachtet und den ganzen Abend links liegen gelassen. Das deprimiert mich"). Angst wiederum ist eine Folge einer *Bedrohungseinschätzung* („Wenn wir nicht mehr Zeit zu zweit haben, entfremden wir uns und am Ende geht es den Bach runter. Das macht mir Angst"). Durch diese Aussagen erhalten sie wertvolle Hinweise darauf, dass Gefühle nicht im luftleeren Raum entstehen. Das elterliche Verhaltensmodell und die kontextuelle Einbettung erlauben ihnen, Gefühle und ihnen vorausgehende Gedankenabläufe besser zu verstehen.

Weiter lernen die Kinder durch die emotionale Selbstöffnung der Eltern, welche verschiedenen Gefühle es überhaupt gibt, wie sich diese anfühlen und wie man sie ausdrücken kann. Oftmals haben Menschen ein sehr eingeschränktes verbales Gefühlsvokabular, und vielen fällt es schwer zu beschreiben, wie es ihnen geht und wie sie sich fühlen. Sie äußern ihr Befinden vage und undifferenziert („Ich fühle mich unwohl"; „Mir geht es nicht gut"; „Mich stresst das"). Viele Frauen wie Männer sind es nicht gewöhnt, über Gefühle zu sprechen. Ihnen fehlt der Zugang zu ihrer Gefühlswelt und sie tun sich schwer, ihre Emotionen mitzuteilen. Viele bekunden zudem Mühe, zwischen unterschiedlichen Gefühlen zu unterscheiden und Nuancen des emotionalen Befindens zu erkennen (z.B. zwischen Irritation, Frustration, Enttäuschung, Ärger, Wut).

Kinder, die im Alltag ganz natürlich miterleben, wie die Eltern ihre Gefühle offen und authentisch kommunizieren, werden es später im Leben leichter haben, dasselbe mit derselben Unbekümmertheit zu tun. Dies wird für sie ein Vorteil sein. Sie werden ein Repertoire an Gefühlen zur Verfügung haben, welches ihnen im späteren Leben vieles erleichtert, sowohl im Privatleben, in Beziehungen wie auch im Beruf. Überall spielen Emotionen eine wichtige Rolle. Sie zu erkennen und ausdrücken zu können, gehört zu den wichtigsten zwischenmenschlichen Kompetenzen und bildet eine Grundvoraussetzung für Sozialkompetenz, Empathie und Mitgefühl. Empathie lernen Kinder am besten durch die Beobachtung von emotionaler Selbstöffnung und dem Eingehen darauf seitens des anderen Elternteils (z.B. der Vater weint, die Mutter geht zu ihm hin, hält ihn, streichelt ihm über den Arm, tröstet ihn und spricht ihm gut zu).

Wenn sich die Eltern emotional selbstöffnen, nehmen die Kinder auch wahr, wie sich die Mimik und Gestik verändert, je nachdem, über welches Gefühl sie sprechen. Sie hören und sehen, in welcher Art und Weise die Mutter von Enttäuschung, Traurigkeit, Hilflosigkeit oder Angst spricht, welches Gesicht sie dabei macht, wie sich ihre Körperhaltung verändert, wie der Tonfall ist und wie der Vater darauf reagiert. Sie beobachten die feinen Unterschiede zwischen den verschiedenen Emotionen und ihrem Ausdruck. Damit können sie Gefühle mit bestimmten Verhaltensweisen und nonverbalen Signalen (Distanz zueinander, Körperhaltung, Mimik, Gestik) und paraverbalen Botschaften (Stimmlage, Lautstärke, Tonfall) verbinden. Dies hilft ihnen, Gefühle bei anderen richtig zu erkennen und angemessen auf sie zu reagieren.

Emotionale Selbstöffnung spielt nicht nur im Rahmen von Konfliktgesprächen eine wichtige Rolle, sondern ist insgesamt die wichtigste Form der Kommunikation.[75] Auch bei der Mitteilung von schönen, erfreulichen Erfahrungen spielt sie eine zentrale Rolle.

Beispiel

Es gibt Abendbrot. Alle sitzen am Tisch, haben sich von den leckeren Speisen genommen und zu essen begonnen. Die fünfjährige Naomi hört, wie der Vater die Mutter fragt, wie ihr Tag gewesen sei, insbesondere die wichtige Sitzung mit dem Direktorium, auf die sie sich die letzten Tage so intensiv vorbereitet hatte. Die Mutter beginnt zu erzählen. Es sei prima gelaufen. Sie hätten ihren Vorschlag für gut befunden und sie dafür gelobt. Sie hätte sich in dieser Situation sehr gut gefühlt. Insbesondere die wohlwollenden Kommentare des obersten Chefs hätten sie sehr gefreut und sie auch stolz gemacht. Er sei ja als sehr kritisch und sparsam mit Lob bekannt, daher hätte sein Lob ihr besonders viel bedeutet. Ihr Gesicht leuchtet, als sie dies erzählt, man spürt ihre Freude, ihre Stimme ist aufgeräumt, ihre Körperhaltung wirkt entspannt und sie hat regen Blickkontakt mit Naomi und dem Vater. Dieser hebt das Glas, stößt auf sie an und gratuliert mit sichtlicher Begeisterung. Er habe gewusst, dass sie das gut machen würde, sei sich sicher gewesen, dass sie einen guten Eindruck machen würde. Dennoch sei er froh und erleichtert, dass es so gut gelaufen sei. Naomi versteht zwar wenig von der ganzen Sache und weiß nicht recht, wovon die beiden reden und worum es geht, doch merkt sie, dass es offenbar ein toller Tag für Mama war und dass Papa auch zufrieden ist. Sie merkt, wie die positive Stimmung ebenfalls auf sie abfärbt und auch sie guter Dinge wird.

Merke
Für Kinder ist es die beste Schulung in emotionaler Intelligenz, wenn sie emotionale Selbstöffnung der Eltern im Alltag erleben können.

Zugleich kann die Negativität während des Konflikts (verallgemeinernde Kritik, Abwertungen, wüste Beschimpfungen, grobe Sprache, etc.) auch durch konstruktive Kommunikation (Zuhören, Interesse zeigen, Kompromissfindung, Entschuldigungen am Ende) abgefedert werden. So kann der negative Gesamteindruck des Konflikts auf die Kinder abgemildert werden.

Wissenswertes aus der Forschung
Eine Studie zeigt, dass Negativität durch Positivität maßgeblich abgefedert werden kann und dies für das Befinden der Kinder positive Folgen hat. Diese Positivität kann direkt während des Konflikts auftreten (z.B. während eines Streits wird auch Verständnis oder Kooperation gezeigt) oder ist grundsätzlich im Alltag spürbar (z.B. netter Umgang miteinander, zugewandte, positive Stimmung in der Familie, Offenheit und Interesse füreinander, gegenseitige Unterstützung). Wenn das Verhältnis mindestens 1:2 (Negativität zu Positivität) ist, wird das Risiko einer negativen Entwicklung des Kindes um ein Drittel bis zur Hälfte reduziert.[76]

5. Konfliktstile verändern

Die in Kapitel 2 beschriebenen Konfliktstile sind meist eingeschliffen. Auch wenn man dies nicht möchte, verfällt man schnell in diese Muster. Es braucht neben dem guten Willen vor allem beharrliches Üben, um einen neuen, konstruktiven Konfliktstil zu erwerben.

Konstruktiv werden

Selbst wenn man zu Beginn der Partnerschaft oder in früheren Beziehungen fähig war, Konflikte konstruktiv anzugehen, verfällt diese Kompetenz mit der Zeit, wenn man sie nicht regelmäßig nutzt. Negative Muster verfestigen sich rasch. Der Mechanismus dahinter ist einfach: In der Regel möchte man mit seinem Verhalten etwas bewirken und erreichen, beispielsweise ein Bedürfnis kommunizieren, damit es befriedigt wird. Gelingt dies durch nettes Ansprechen oder Bitten, ist das Problem gelöst. Zeigt sich der Partner, die Partnerin jedoch widerspenstig und wenig gewillt, auf einen einzugehen, neigen viele dazu, Druck aufzubauen, den Partner, die Partnerin in die Mangel zu nehmen und so lange verbal weichzuklopfen, bis man das erreicht hat, was man will. Das Mittel dazu ist zunehmende Negativität (vergleiche das Kontinuum der Negativität, Abbildung 2, S. 46). Man beginnt auf der Klaviatur der destruktiven Kommunikation zu spielen und mit immer härteren Bandagen zu kämpfen. Da beide in diesem Zweikampf miteinander ringen, greifen bald auch beide auf eine stärkere Negativität zurück, um ihre Ziele zu erreichen. So kommt es unter Druck häufig kurzfristig zu einem Einlenken des Partners, der Partnerin („Ja, gut, dann komme ich halt mit, aber hör mit dem Theater auf"). Dadurch wird das negative Verhalten belohnt und der Partner, die Partnerin lernt, dass man nur genug negativ sein muss, um sein Ziel zu erreichen („Ich wollte ins Kino, nun gehen wir ins Kino. Ich brauche nur ausreichend Druck zu machen, dann bekomme ich, was ich will").[77] Dabei wird außer Acht gelassen, dass der kurzfristige „Erfolg“ einen hohen Preis hat: Die Kommunikation verschlechtert sich zusehends, was die Beziehungszufriedenheit unterminiert.

Den längerfristig verheerenden Effekt destruktiver Konflikte bemerken viele zu spät. Häufiges Nörgeln, Quengeln, Drängen und zunehmend gehässigere Worte sind erste Symptome dafür.[78]

Doch auch wenn sich ein solcher negativer Kommunikationsstil bereits etabliert hat, gibt es Hoffnung, diesen verändern zu können. Sich selbst und den Kindern zuliebe sollten Sie möglichst rasch und konsequent damit beginnen.

Wie wir bezüglich der vier Phasen von Konflikten in Kapitel 1 (siehe S. 11ff.) aufgezeigt haben, ist es in jeder der vier Phasen möglich, konstruktiv zu reagieren.

Phase	Was man tun kann, um konstruktive zu sein / zu bleiben
1. Phase: *Erkennen, dass einen etwas stört*	Sobald man merkt, dass eine Situation oder ein Verhalten des Partners, der Partnerin einen stört, sollte man dieses Gefühl ernst nehmen und einen guten Zeitpunkt wählen, um das Störende anzusprechen. Es kann nützlich sein, sich vor dem Gespräch Gedanken zu machen, was einen genau und aus welchem Grund stört und wie man sich dabei fühlt.
2. Phase: *Mut aufbringen, das Störende anzusprechen*	Anstatt auf Vorwürfe und destruktive Formen der Kommunikation zurückzugreifen, kann man versuchen, die Regeln der SaGeBe-Methode (siehe unten) anzuwenden und die durch die Situation ausgelösten Gefühle und darunterliegenden Bedürfnisse zu äußern.
3. Phase: *Diskussion der störenden Punkte*	Unter Anwendung der SaGeBe-Methode gelingt es den meisten Paaren, diese Phase konstruktiv zu gestalten. Je häufiger man erlebt, dass die Regeln und die Struktur der SaGeBe-Methode helfen, das Konfliktgespräch gewinnbringend zu gestalten, desto häufiger wird man auf diesen Ansatz zurückgreifen.

4. Phase: *Lösungsfindung und Beilegung des Konflikts*	Wenn man verstanden hat, worum es dem Partner, der Partnerin geht (nicht darum, einen fertigzumachen, einen ungerechtfertigt zu kritisieren, abzuwerten und kleinzumachen, sondern um den legitimen Wunsch, eigene Bedürfnisse leben zu dürfen), fällt es leichter, einzulenken und Kompromissbereitschaft zu zeigen. Konflikte zu lösen heißt, gegenseitiges Verständnis aufzubauen, beide Sichtweisen und die Bedürfnisse beider gleichwertig zu würdigen und Kompromisse zu finden. Durch Kompromisse fällt einem kein Zacken aus der Krone, vielmehr macht man die Erfahrung, dass eigene Offenheit und Großzügigkeit mit denselben Verhaltensweisen seitens des Partners, der Partnerin beantwortet werden. Wer fair bleibt, sich für die Wünsche und Bedürfnisse des anderen öffnet und sich darum bemüht, Lösungen zu finden, kann damit rechnen, dieselbe Haltung auch beim Gegenüber zu fördern.

In allen vier Phasen geht es im Prinzip darum, eine konstruktive Konfliktkommunikation umzusetzen. Am wichtigsten dabei sind diese zwei Punkte:

- Konkreter Bezug (Bleiben Sie im Hier und Jetzt und erläutern Sie anhand eines anschaulichen Beispiels, was Sie in der Situation konkret stört).
- Emotionale Selbstöffnung und die Warum-Frage (Spüren Sie Ihren Gefühlen nach und stellen Sie sich die Frage, warum Sie so fühlen).

Konkreter Bezug

Wie bereits gezeigt wurde, zählt *konkrete Kritik* zur konstruktiven Kommunikation. Wir müssen dem Partner, der Partnerin sagen dürfen, was uns stört und welches Verhalten für uns schwierig, verletzend und nicht tolerierbar ist. Entscheidend dabei ist, dass keine *Verallgemeinerungen* („Nie kommst du pünktlich") oder *Persönlichkeitszuschreibungen* („Immer bist du so mürrisch") geäußert werden, sondern dass *konkrete Situationen* („Gestern Abend, als du einfach ohne Kuss ins Bett gingst, hat mich das irritiert und ich wusste nicht, was es zu bedeuten hat") und *konkretes Verhalten* („Es fehlt mir, dass du mir gar keine Komplimente mehr machst") angesprochen werden. Dies hat drei Vorteile: (1) fühlt sich der Partner, die Partnerin nicht grundsätzlich in Frage gestellt oder als schwierig, unfähig oder mangelhaft, (2) kann er/sie sich leichter an die Situation oder das Verhalten erinnern, welches kritisiert wird, und (3) verfällt man nicht ins Katastrophisieren („Alles ist schlecht").

Emotionale Selbstöffnung und die Warum-Frage

Anstatt Vorwürfe zu machen, den Partner, die Partnerin anzugreifen und durch Nörgeln, Quengeln oder mit Negativität zu etwas zu zwingen (vgl. Eskalationsfalle), ist es förderlicher, bei sich zu bleiben und in sich hineinzuhorchen. Dabei spielt die *Warum-Frage* die zentrale Rolle: Warum stört es mich, dass der Partner, die Partnerin zu spät kommt? Warum bin ich frustriert? Warum bin ich enttäuscht? Warum bin ich traurig? Warum bin ich eifersüchtig? Warum bin ich unglücklich? Warum bin ich resigniert und hoffnungslos? Warum fühle ich mich nicht gesehen? Warum denke ich, dass mein Partner, meine Partnerin mich nicht ernst nimmt, nicht wertschätzt?

Wenn wir für uns selbst diese Warum-Frage zu beantworten versuchen, konzentrieren wir uns auf uns, statt auf den Partner, die Partnerin und was er/sie alles falsch macht. Wir ergründen in uns die Ursachen für unsere Unzufriedenheit, und genau da liegen sie auch. Die Gründe für unsere Unzufriedenheit liegen immer in unseren Bedürfnissen, Erwartungen und Wünschen bzw. in der Tatsache, dass diese nicht so befriedigt werden, wie wir es uns vorstellen. Und dass wir darauf so heftig reagieren, hängt erneut mit uns selbst zusammen, konkret mit unseren eigenen *wunden Punkten*.

Wir alle haben in unserer Lebensgeschichte Erfahrungen gemacht, die einen prägen. Viele davon waren schön und aufbauend, andere schwierig und verletzend. Diese Erfahrungen bilden im Zusammenspiel mit unseren Genen unsere Persönlichkeit aus. Je mehr positive, aufbauende und bestärkende Erfahrungen in der Kindheit und Jugend, ja insgesamt im Leben bis zum heutigen Tag gemacht wurden und je weniger abwertende, kränkende und verletzende Erlebnisse sich angehäuft haben, desto robuster und gesünder ist der Selbstwert einer Person und desto stabiler und widerstandsfähiger steht sie im Leben.

Für die wunden Punkte sind insbesondere negative Rückmeldungen anderer zu unserer Person, unseren Bedürfnissen und Wünschen und unserem Verhalten bedeutsam. Negative Einschätzungen, Kommentare, Bewertungen und Festschreibungen hinterließen ihre Spuren. Wenn man etwas tat und dafür kritisiert wurde, speicherte man ab, dass dies falsch war. Wenn man eine Leistung erbrachte, welche den anderen nicht genügte, nahm man wahr, dass man unzureichend ist. Häuften sich solche negativen Rückmeldungen von wichtigen Bezugspersonen wie den Eltern, Lehrpersonen oder anderen wichtigen Menschen, führte dies dazu, dass man Selbstzweifel entwickelte und für gewisse Themen verletzlich wurde. Es entstanden *wunde Punkte*.

Merke

Jeder Mensch hat wunde Punkte. Sie sind unsere psychische Achillesferse. Es sind alte Themen, welche uns immer wieder einholen, bei denen wir besonders verletzlich reagieren. Wird ein wunder Punkt getroffen, reagieren viele mit Aggression und schlagen um sich. Dabei geht es gar nicht um Ärger und Wut, sondern um Angst, Traurigkeit, Resignation, Verzweiflung.

Wenn einen die Eltern kritisiert hatten, wenn man eine schlechtere Note als erwartet nach Hause brachte, löste ihre Kritik nur vordergründig Ärger aus. Man war vielmehr traurig, dass man sie enttäuscht hatte, und empfand Angst, dass sich dies wiederholen könnte. Im Zusammenhang mit wunden Punkten geht es eigentlich immer um diese beiden Emotionen: Angst und Traurigkeit. Und je länger das Gefühl des Nicht-Genügens schon anhält, desto mehr kommen Hilflosigkeit, Resignation und Verzweiflung ins Spiel. Wunde Punkte sind unsere Schwachstellen, so stark und unabhängig man sich auch sonst fühlt und gibt.

Beispiele: Wie wunde Punkte entstehen

Beispiel 1: Sara war schon immer ein sensibles Mädchen. Als Säugling hatte sie viel geschrien. Darauf reagiert wurde wenig, man ließ sie oft lange weinen. Sie sollte lernen, dass nicht sie das Sagen hatte, sondern dass die Eltern den Rhythmus diktierten. Ihre Meinung zählte auch später nicht, sie hatte zu tun, was ihr aufgetragen wurde. Sie sollte sich unterordnen. Eine eigene Meinung entwickelte sie nie. Auch im Erwachsenenalter zeichnete sie sich durch hohe Anpassung aus. In der Partnerschaft ließ sie alles mit sich machen. Die Partner trennten sich jeweils nach einiger Zeit von ihr, da sie sie uninteressant fanden.

Beispiel 2: Konrad wurde ständig kritisiert. Was er auch machte, es war nicht gut genug. In der Schule wurde er selbst für gute Noten (beispielsweise eine 2) getadelt und ihm mit Liebesentzug deutlich gemacht, dass man mit seinen Leistungen nicht einverstanden war. Er solle sich mehr Mühe geben, sonst würde er es im Leben nie zu etwas bringen. Heute ist er ein Workaholic und nicht genussfähig. Ständig ist er getrieben von seinen überzogenen Selbstansprüchen. Partnerschaften sind für ihn schwierig. Wenn man ihn kritisiert, fühlt er sich gleich als Person in Frage gestellt. Er leidet darunter, dass er sich noch so viel Mühe geben kann, wie er will, es reiche nie aus.

Beispiel 3: Selina wurde ständig mit ihrer kleineren Schwester verglichen. Diese machte immer alles besser, war der Liebling der Eltern. Sie konnte früher sprechen und laufen. Sie war fleißiger, geschickter und bereitete den Eltern viel Freude. Selina fand es ungerecht, dass die Schwester immer bevorzugt wurde. Sie weinte viel als Kind, fühlte sich minderwertig und ungeliebt. Dieses Bild blieb. Auch in der Partnerschaft fühlt sie sich oft ungerecht behandelt, empfindet ihre Partnerin als unfair und fühlt sich vernachlässigt. Sie fühlt sich häufig an zweiter Stelle, findet, dass ihrer Partnerin alles andere wichtiger ist als sie. Wenn diese aufgrund einer beruflich stressigen Phase wenig Zeit für sie hat, fühlt sie sich zurückgestoßen und zweifelt an ihrer Liebe.

Beispiel 4: Boris hatte eine unbeschwerte Kindheit, bis er zwölf Jahre alt war. Dann geschah das Unvorstellbare: Sein Vater ging an einem Morgen gut gelaunt aus dem Haus und kam nie mehr zurück. Er starb bei einem Verkehrsunfall, an dem er keine Schuld trug. Ein Fahrer auf der Gegenfahrbahn hatte unter Drogen die Kontrolle über sein Fahrzeug verloren. Für Boris und die ganze Familie war dies ein großer Schock, das Leben danach war nicht mehr dasselbe. Seither stresst ihn alles, was unvorhersehbar ist und er nicht beeinflussen kann. In der Partnerschaft und gegenüber den Kindern ist er überängstlich und kontrollierend. Häufig gibt es unschöne Konflikte, wenn die Partnerin oder ein Kind zu spät nach Hause kommt oder Boris sich nicht ausreichend informiert fühlt.

Niemand wird mit wunden Punkten geboren, sie sind Folge früherer Erfahrungen und gehen mit Fragen einher wie: Bin ich zu wenig liebenswert? Bin ich zu wenig gut und leistungsstark? Bin ich zu schwierig? Falle ich anderen zur Last? Entspreche ich nicht oder zu wenig den Vorstellungen anderer? Bin ich unerwünscht? Genüge ich nicht?

In Konfliktsituationen mit dem Partner, der Partnerin werden häufig solche wunden Punkte getroffen. Wenn der Partner, die Partnerin zu spät kommt, ist das nicht ein Zeichen dafür, dass er/sie mich nicht wirklich liebt? Ist es nicht Ausdruck mangelnder Wertschätzung mir gegenüber? Bedeutet es nicht, dass anderes meinem Partner, meiner Partnerin wichtiger ist als ich? Kann ich mich auch in meiner Beziehung nicht durchsetzen und einfordern, was mir wichtig ist?

Es geht daher meist nicht um das Zuspätkommen, das Vergessen von etwas, was einem wichtig ist, die schnoddrige Antwort des Partners, der Partnerin, seine/ihre vermeintliche Zurückweisung, sondern darum, dass sein/ihr Verhalten bei uns einen wunden Punkt trifft. Vor diesem Hintergrund verwundert es nicht, dass wir so heftig reagieren. Es geht um mehr als die Zahnpaste, die schon wieder nicht ins Glas zurückgestellt wurde, den Geschirrspüler, der erneut nicht ausgeräumt wurde, das Vergessen eines Termins. Es geht darum, dass wir uns als Person in Frage gestellt fühlen und dass eine alte Wunde aufbricht. Es geht um Bedürfnisse, die früher nicht befriedigt wurden und auch jetzt in dieser neuen Beziehung nicht erfüllt werden. Bei Konflikten geht es im Wesentlichen um die Nichterfüllung von Grundbedürfnissen wie das Bedürfnis nach Liebe und Geborgenheit, nach Wertschätzung und Anerkennung, nach Vorhersehbarkeit und Kontrolle oder nach Sinnhaftigkeit.

Aus diesem Grund spielt bei der emotionalen Selbstöffnung die Warum-Frage eine zentrale Rolle. Oft ist einem nicht bewusst, weshalb man in einer Situation so heftig reagiert. Man versteht nicht, warum ein an und für sich unbedeutendes Verhalten des Partners, der Partnerin einen so aufwühlt, warum man sich auf einmal so wütend oder traurig fühlt. Die emotionale Selbstöffnung ist eine Möglichkeit, diesen Gefühlen nachzuspüren. In einem ersten Schritt geht es darum, die Gefühle überhaupt erst einmal wahrzunehmen. Der zweite Schritt ist, zu ergründen, weshalb man diese Emotionen in dieser Intensität empfindet und warum.

Beispiel

Mirjam schildert in einer Therapiesitzung, dass ihr Partner sie extrem wütend gemacht hat. Sie hatte beruflich die Chance erhalten, ins Ausland zu reisen, und wollte dies mit einer gemeinsamen Reise mit ihrem Partner verbinden. Sie hatte ihm vor drei Monaten davon erzählt und die Details der Reise mit ihm besprochen. Es hätte ein schöner Trip werden sollen und sie freute sich sehr darauf. Sie hatten seit Langem keine gemeinsame Reise mehr unternommen. Nun waren die Kinder bald erwachsen und die Gelegenheit ideal.

Als Mirjam nun nach mehrmaligem Nachfragen erfuhr, dass ihr Partner drei Wochen vor der Reise sein Flugticket immer noch nicht gebucht hatte, verlor sie die Fassung. Warum buchte er nicht? Das Ticket war nun um ein Vielfaches teurer als noch vor Monaten. Es war herausgeworfenes Geld. Gleichzeitig fand sie es ungeheuerlich, sie dermaßen zu versetzen. Sie warf ihm vor, dass er gar kein Interesse an dieser Reise mit ihr habe, sie ihm nichts bedeute. Schließlich steigerte sie sich in eine unsägliche Wut und dachte an eine Trennung.

Als wir gemeinsam die Situation analysierten, zeigte sich, dass sie deswegen so wütend war, weil sie sich im Alltag von ihrem Partner nicht gesehen fühlte. Er interessierte sich nicht für sie, war ständig mit anderem beschäftigt und ging nicht auf sie ein. Ihre Bedürfnisse zählten nicht. Für sie spiegelte sich dies auch in dieser Reise wider. Offenbar zählte nicht, dass sie sich darauf freute. Er engagierte sich nicht, buchte nicht mal sein Ticket, gab ihr zu verstehen, dass es ihm egal war, dass diese Reise für sie wichtig war. Auch spürte sie keine Freude bei ihm, mit ihr diese Reise zu unternehmen. Das frustrierte sie.

Als ich sie aufforderte, ihr Erleben in einem Bild zu schildern, beschrieb sie Folgendes: Sie fühlte sich wie eine Marathonläuferin, welche einen Kilometer vor dem Ziel stand, der Großteil der Strecke geschafft, das Ziel wäre zum Greifen nah. Doch sie hatte keine Kraft mehr und war völlig erschöpft. Sie war dem Zusammenbruch nah. Aber Aufgeben war keine Option. Doch wie sollte sie es ohne Ansporn, ohne Unterstützung schaffen? Niemand war da, der sie anfeuerte, der ihr Mut zusprach, an sie glaubte und ihr die Kraft gab, weiterzurennen. Sie fühlte sich einsam und verlassen.

Sie erinnerte sich daran, dass man immer das Maximum von ihr gefordert hatte, aufgeben war nie eine Option gewesen. Man forderte in ihrer Herkunftsfamilie bis zum Untergang Einsatz, ohne Rücksicht auf die eigenen Grenzen. Sie hatte sich das ganze Leben lang überfordert gefühlt. Aber vor allem immer ohne Unterstützung. Nur das Ergebnis zählte, nicht ihr Engagement, das wurde nicht gesehen. Und am Schluss fiel auch die Würdigung des Erfolgs mager aus.

Sie merkte, dass ihr Partner ihr genau dieses Gefühl gab. Er forderte nur von ihr, doch er gab nie eine positive Rückmeldung, wie gut sie es machte, wie stolz er auf sie sei, wie sehr sie ans Limit ging. Nie hörte sie von ihm, dass er sie gut finde. Und nun nicht, dass er sich freue, dass sie diese Einladung erhalten hatte oder dass es schön sei, diese Reise mit ihr zu machen.

Sie hatte drei Kinder großgezogen und daneben eine erfolgreiche Karriere hingelegt. Doch wer nahm ihre Leistung wahr? Niemand, und das erschöpfte sie.

Analyse

Arbeiten Sie heraus, wie die Selbstöffnung von Mirjam aussehen könnte, damit zwei Aspekte erfüllt werden: (1) dass sie ihre negativen Gefühle äußern und loswerden kann und (2) dass ihr Partner sie versteht und erkennt, worum es wirklich geht.

Meine Analyse des Beispiels: Wenn sich Mirjam vor ihrem Partner selbstöffnet, sollte sie nicht nur von ihren Gefühlen der Frustration und Wut sprechen. Diese Gefühle sind zwar ausgeprägt vorhanden, und es ist wichtig, dass sie diese äußert, doch sie spiegeln nur einen Teil ihres Erlebens wider. Natürlich ist sie frustriert und wütend, dass er sein Flugticket noch nicht gekauft hat, dass die Preise nun höher sind und dass er sich um nichts kümmert. Doch noch wichtiger als diese Emotionen sind die empfundene Erschöpfung, Einsamkeit und Verlassenheit. Leidvoll für sie ist, dass sie und ihr Einsatz von niemandem gesehen und gewürdigt werden, dass dies die Eltern schon nie taten und nun auch ihr Partner nicht. Niemand nimmt wahr, wie es ihr geht, dass sie nicht mehr die Kraft hat weiterzurennen, dass sie sich erschöpft und ausgelaugt fühlt und dringend Unterstützung benötigt. Doch niemand ist für sie da. Niemand sieht ihr Leid, niemand nimmt daran teil. Nicht mal auf die gemeinsame Reise scheint sich der Partner zu freuen. Ihm scheint sie egal zu sein. Sein Interesse an ihr und ihrem Leben scheint nicht vorhanden zu sein. Woher soll sie da die Energie und Kraft haben, um weiterhin alles bewältigen zu können? Die Warum-Frage bezieht sich in diesem Beispiel auf zwei Aspekte: (1) Mirjam hat keine Kraft mehr, weil sie in ihrem Einsatz nie gesehen und gewürdigt wurde, alle Energie aus sich selbst schöpfen musste und nie Anerkennung und Wertschätzung erfuhr, und (2) Mirjam weiß nicht mehr, ob ihr Partner sie noch liebt, ob es sich noch lohnt, weiterzumachen. Sein Desinteresse ist für sie verletzend.

Ihre Selbstöffnung sollte daher die folgenden drei Punkte umfassen: (1) Mitteilung ihrer Gefühle (angefangen bei Frustration und Wut, übergehend zu Enttäuschung und Traurigkeit, dass niemand ihren Einsatz sieht und stolz auf sie ist, bis hin zu den Gefühlen der Einsamkeit, Verlassenheit und Erschöpfung, dass sich niemand für sie interessiert und sich niemand um sie kümmert, obwohl sie keine Kraft mehr hat), (2) sie sollte ihren *wunden Punkt* ansprechen, dass dies ein altes schmerzhaftes Thema ist, dass man immer nur gefordert, jedoch nie Leistungen anerkannt hat, dass es nie genug war, und (3) sie sollte ihre Bedürfnisse äußern, dem Partner mitteilen, was sie braucht, nämlich Anerkennung ihres Einsatzes zum einen, aber auch Zeichen der Zuneigung und Liebe zum anderen.

Wissenswertes aus der Forschung

Emotionale Selbstöffnung spielt die wichtigste Rolle innerhalb der Kommunikation. Personen, die sich emotional selbstöffnen sind beliebter,[79] in der Partnerschaft zufriedener, und ihre Beziehung zeigt eine günstigere Entwicklung auf.[80]

Frauen zeigen insgesamt sowohl in der Selbsteinschätzung (Fragebögen) wie auch in der Verhaltensbeobachtung mehr emotionale Selbstöffnung als Männer, sowohl ihren Freundinnen als auch dem Partner, der Partnerin gegenüber.[81] Sie reden länger von ihrem Stress und ihrem Erleben als Männer,[82] aber sie sprechen tiefere Emotionen nicht unbedingt häufiger an.

Wie gelingt emotionale Selbstöffnung?

Emotionale Selbstöffnung ist kein Selbstläufer. Menschen, die in ihrem Elternhaus gute Vorbilder hatten, bringen diese Kompetenz meist bereits in die Partnerschaft mit, andere müssen sie erst noch erlernen. Die SaGeBe-Methode[83] kann dabei helfen.

SaGeBe-Methode

Sa: (Sachinformation)

Zuerst soll kurz die konkrete Situation geschildert werden (Was stört mich in unserer Beziehung, wann/in welcher Situation hat es mich das letzte Mal gestört?). Diese Schilderung soll konkret und prägnant sein („Am letzten Mittwoch hat es mich gestört, dass du den Abwasch nicht gemacht hast, obwohl du wusstest, dass ich diese stressige Phase im Job habe und froh wäre, wenn du mich im Haushalt entlasten würdest"). Die Schilderung der Sachlage oder Ausgangslage soll maximal zwei Minuten umfassen.

Ge: (Gefühle)

Der Sprecher, die Sprecherin soll möglichst rasch auf die Gefühle zu sprechen kommen („Dass du den Abwasch nicht gemacht hast, hat mich irritiert. Ich dachte, wir hätten das so abgesprochen und du hättest zugestimmt. Als das Geschirr dann abends noch dreckig herumstand, fühlte ich mich nicht ernst genommen. Es hat mich enttäuscht"). Der Zuhörer, die Zuhörerin soll zusammenfassen, was er/sie verstanden hat („Du hattest erwartet, dass ich dich in deiner stressigen Zeit entlaste und den Abwasch für dich mache. Als ich das letzten Mittwoch nicht gemacht habe, warst du enttäuscht"). Der Sprecher, die Sprecherin soll fortfahren in der emotionalen Selbstöffnung und tiefere Gefühle herausarbeiten („Es hat mich verletzt, ich fühlte mich nicht respektiert, als ob meine Bedürfnisse nicht zählen würden. Hinzu kam, dass ich dich damals auch geschont hatte, als du im Stress warst, und jetzt habe ich von dir keine Unterstützung gespürt. Ich empfand es als unfair. Es hat mich traurig gemacht"). Erneut soll der Partner, die Partnerin zusammenfassen und so weiter.

Be: (Bedürfnisse)

Schließlich sollen die Bedürfnisse herausgearbeitet werden („Was würde ich mir vom Partner, von der Partnerin wünschen?"). Man soll ergründen, was einem fehlt, warum man diese negativen Gefühle verspürt und welches Bedürfnis dahinterliegt, das nicht befriedigt wird. Dieses Bedürfnis soll in Form eines konkreten Wunsches geäußert werden („Ich würde mir wünschen, dass in unserer Beziehung Fairness einen größeren Stellenwert hat, dass du mich ebenso unterstützt wie ich dich, dass es ein ausgewogenes Geben und Nehmen ist"). Wenn man ihn kennt, kann in diesem Zusammenhang auch der wunde Punkt angesprochen werden („Das ist ein altes Thema, schon zu Hause hatte ich immer den Eindruck, dass mein Bruder von allen bevorzugt und mehr geliebt wurde").

Die SaGeBe-Methode gliedert sich in drei Phasen	
1. Phase: (ca. 2 Minuten)	Kurze Schilderung der Situation: Was ist vorgefallen, wie war die Situation, wann und wo hat sie sich abgespielt?
2. Phase: (ca. 10 Minuten)	Mitteilen von Gefühlen: Wie habe ich mich in der Situation gefühlt, was hat das Verhalten des Partners, der Partnerin bei mir ausgelöst? Welche Gefühle neben Ärger waren noch vorhanden? Wenn ich in mich tiefer hineinspüre, welche Gefühle kommen hoch?
3. Phase: (ca. 8 Minuten)	Benennen des Bedürfnisses und eventuell Suche nach einer Lösung: Warum geht es mir so? Was wollen mir diese Gefühle sagen? Was bedeutet es, dass ich traurig bin? Welches Bedürfnis wird nicht befriedigt, das mir wichtig ist? Was könnte der Partner, die Partnerin tun, um dieses Bedürfnis zu befriedigen und meine negativen Gefühle zum Verstummen zu bringen? Wie können wir gemeinsam eine Lösung finden?

Die Mitteilung der eigenen Gefühle und Bedürfnisse erleichtern die sogenannten Sprecher- und Zuhörer-Regeln. Es sind jeweils drei Regeln in der jeweiligen Rolle. Die Regeln dienen dazu, dem Gespräch einen konstruktiven Verlauf zu geben, indem auf Vorwürfe, Verallgemeinerungen, Persönlichkeitszuschreibungen, Abwertungen, Verurteilungen, Provokationen, Bloßstellungen und Kränkungen verzichtet wird. Stattdessen soll die Person von sich sprechen und dem Partner, der Partnerin mitteilen, was die Situation oder sein/ihr Verhalten an Gefühlen auslöst und was man sich wünschen würde.

Die Kommunikationsregeln sind sehr effektiv und erleichtern es, ein konstruktives Konfliktgespräch zu führen. Da es nur drei Regeln pro Rolle sind, können sich die Partner:innen diese leicht merken. Um die Regeln wirksam einsetzen zu können, sollte man sie verinnerlichen. Dies gelingt am besten, wenn man sie vor jedem Konfliktgespräch wiederholt.

Regeln als Sprecher:in

1. Konkret

- Sprechen Sie störende Verhaltensweisen oder belastende Situationen konkret an.
- Bleiben Sie beim Thema und schweifen Sie nicht zu anderen Themen und Situationen ab.
- Bleiben Sie im Hier und Jetzt und wärmen Sie keine „alten Geschichten" auf.

2. Ich-Gebrauch

- Reden Sie in der Ich-Form.

3. Gefühle und Bedürfnisse ansprechen

- Reden Sie von Ihrem eigenen Erleben und Ihren Gefühlen.
- Geben Sie Einblick in Ihre Gedanken (was Sie beschäftigt, umtreibt).
- Sprechen Sie Ihre Bedürfnisse und Wünsche an.

Analog zur Rolle als Sprecher:in hat auch der Zuhörer, die Zuhörerin drei Regeln zu befolgen, damit das Konfliktgespräch konstruktiv verlaufen kann. Auch diese Regeln sind einfach, sollten jedoch konsequent befolgt werden.

Regeln als Zuhörer:in

1. Aktives, engagiertes Zuhören

- Wenden Sie sich Ihrem Partner, Ihrer Partnerin zu und schauen Sie ihn/sie an.
- Signalisieren Sie Wohlwollen und Interesse an dem, was er/sie sagt.
- Geben Sie verbales (Mhm, Ja) oder nonverbales Feedback (Nicken), jedoch ohne zum Sprecher, zur Sprecherin zu werden (machen Sie keine Kommentare).

2. Zusammenfassen

- Fassen Sie wichtige geäußerte Inhalte (insbesondere Gefühle) zusammen.
- Wiederholen Sie die beschriebenen Bedürfnisse Ihres Partners, Ihrer Partnerin.
- Tun Sie dies in wohlwollendem Tonfall mit Respekt und Wertschätzung.

3. Offene Fragen stellen

- Stellen Sie bei Unklarheiten offene Fragen (d.h. Fragen, die keine Ja/Nein-Antworten zulassen, sondern dem Partner, der Partnerin die Möglichkeit geben, sich frei und ungezwungen auszudrücken).

Wenn diese Regeln während des Konfliktgesprächs konsequent eingehalten werden, können die oben beschriebenen Kommunikationsfehler (verallgemeinernde Kritik, defensive, provokative oder verächtliche Kommunikation) vermieden werden. Dadurch steigen die Chancen, dass das Konfliktgespräch positiv verläuft.

Merke

Es braucht beides, richtiges Sprechen und richtiges Zuhören, damit ein Konfliktgespräch gelingen kann. Entsprechend müssen sich beide Partner:innen in ihren jeweiligen Rollen bemühen.

Regeln als Sprecher:in

Wichtig ist, dass die „Ich-Gebrauch"-Regel nicht missverstanden wird. Das „du" ist nicht generell verboten. Ohne „du" können wir nicht sinnvoll miteinander reden, ich muss dem Partner, der Partnerin sagen können, dass mich sein/ihr Verhalten stört („Dass du in dieser Situation dein eigenes Ding machst, finde ich nicht richtig"). Unterlassen sollten Paare das „Du" in Kombination mit „immer" oder „nie", d.h. mit Verallgemeinerungen oder ungünstigen Persönlichkeitszuschreibungen. Ein Satz wie „Es hat mich enttäuscht, dass du meinen Geburtstag vergessen hast" ist völlig legitim. Problematisch wäre eine verallgemeinernde Formulierung im Sinne von: „Das war so typisch, immer vergisst du das, was mir wichtig ist. Es war ja klar, dass du meinen Geburtstag vergessen würdest."

Neben persönlichen Gefühlen und damit verbundenen Gedanken („Es hat mich traurig gemacht, weil ich denke, dass ich dir nicht wichtig bin") gilt es, die Bedürfnisse zu benennen, welche durch den Partner, die Partnerin nicht wahrgenommen, respektiert oder befriedigt wurden. Auch dafür eigenen sich die Regeln („Konkret würde ich mir wünschen, dass du mir mehr das Gefühl gibst, für dich wichtig zu sein").

Wenn man weiß, dass man einen schlechten Zugang zu seinen Gefühlen und Bedürfnissen hat, sollte man diese vor dem Konfliktgespräch in Ruhe bereits ausloten und ihnen nachspüren, um dann im Konfliktgespräch schneller auf sie zu kommen.

Beispiele für Mitteilung von Bedürfnissen

- „Ich würde mir wünschen, dass wir mehr Zeit miteinander haben."
- „Für mich ist es wichtig, dass unsere Beziehung an erster Stelle steht."
- „Ich spüre, dass ich gerne wieder einmal Urlaub am Meer machen würde."
- „Ein Leben ohne Kinder kann ich mir nicht vorstellen. Kinder gehören für mich zu einem erfüllten Leben dazu."
- „Ich fände es schön, wenn du auch häufiger zu mir in meine Wohnung kommst, dass wir gleich viel Zeit in deinem und meinem Zuhause verbringen. Das wäre fair."

- „Ich möchte, dass unsere Kinder mit Mama und Papa aufwachsen können. Wenn du so viel abwesend bist, werden sie keine innige Beziehung zu dir aufbauen können."
- „Ich wünsche mir mehr Verständnis von dir für meine Probleme."
- „Es ist wichtig für mich, dass ich mich in diesem Punkt voll und ganz auf dich verlassen kann."

Regeln als Zuhörer:in

Die Regeln als Zuhörer:in sind genauso wichtig wie die Regeln als Sprecher:in. Beide erlauben es, dem Gespräch eine konstruktive Richtung zu geben.

Durch eine offene, interessierte und respektvolle Zugewandtheit im Sitzen, einer Wohlwollen signalisierenden Körperhaltung sowie mittels positiver Gestik und freundlicher Mimik wird dem Partner, der Partnerin vermittelt, dass man ihm/ihr Achtung und Wertschätzung entgegenbringt, effektiv an seinen/ihren Äußerungen interessiert ist und die Hintergründe für sein/ihr Erleben erfahren möchte.

Durch das regelmäßige Zusammenfassen wird der Zuhörer, die Zuhörerin dazu veranlasst, dem anderen wirklich zuzuhören und sich nicht bereits zu überlegen, was man selbst als nächstes Argument bringen könnte, um den Schlagabtausch zu seinen Gunsten zu entscheiden.

Offene Fragen lassen zudem nicht zu, dass man den anderen in eine gewisse Richtung drängt oder ihm/ihr Worte in den Mund legt, wie er/sie sich zu fühlen hat („Und das macht dich jetzt sauer"). Durch offene Fragen regt mal vielmehr den Prozess der emotionalen Selbstöffnung beim anderen an und hilft ihm/ihr, die eigenen Gefühle entdecken zu können („Wie ist das für dich?"; „Was hat es bei dir ausgelöst?"; „Warum hat dich das so verletzt?").

Die Kommunikationsregeln sind ein Mittel zum Zweck. Sie dienen der Erleichterung der emotionalen Selbstöffnung und sollten während der gesamten SaGeBe-Methode angewendet werden. Ziel ist es, dass Konfliktgespräche künftig ungezwungen und selbstverständlich nach dieser Logik geführt werden.

Nachfolgend einige Hinweise, wie Sie die SaGeBe-Methode im Alltag umsetzen können.

Wie Sie die SaGeBe-Methode konkret umsetzen können

- Gehen Sie mit Ihrem Partner, Ihrer Partnerin in einen ruhigen Raum, in dem Sie ungestört sind.
- Nehmen Sie sich ausreichend Zeit für die Übung, mindestens 15–20 Minuten pro Person.
- Achten Sie darauf, dass Sie ungestört sind. Legen Sie die Handys weg oder schalten Sie sie noch besser aus. Im Hintergrund sollten weder Fernseher noch Radio laufen, damit Sie sich ganz auf das Gespräch konzentrieren können. Schirmen Sie sich von den Kindern ab.
- Setzen Sie sich Ihrem Partner, Ihrer Partnerin gegenüber, sodass Sie sich in die Augen sehen können.
- Wählen Sie einen geeigneten Abstand zwischen sich (so wie es für Sie beide stimmt).
- Benutzen Sie konsequent die Regeln als Sprecher:in bzw. als Zuhörer:in.
- Legen Sie gemeinsam fest, wer in der ersten Hälfte des Gesprächs Sprecher:in ist und wer zuhört. Achten Sie darauf, dass beide Partner:innen in beiden Rollen (Sprecher:in und Zuhörer:in) sein können, d. h., rechnen Sie für das Gespräch mindestens 30–40 Minuten ein (je 15–20 Minuten pro Partner:in).
- Lesen Sie die jeweiligen Regeln (als Sprecher:in bzw. als Zuhörer:in) vor Beginn des Gesprächs nochmals durch und vergegenwärtigen Sie sich diese.
- Bevor Sie das Gespräch beginnen, formulieren Sie Ihrem Partner, Ihrer Partnerin gegenüber, auf welche Regeln Sie im Gespräch mit ihm/ihr nachfolgend achten wollen.
- Der Partner, die Partnerin soll seinerseits/ihrerseits die Regeln wiederholen, auf die er/sie im Gespräch achten will.
- Stellen Sie einen Timer, damit Sie die Zeiten einhalten. Während dieser Zeit bleiben beide in ihrer jeweiligen Rolle. Danach werden die Rollen getauscht.
- Achten Sie als Sprecher:in darauf, dass Sie sich emotional selbstöffnen, machen Sie dies schrittweise, d.h. nicht zu viel Informationen auf einmal, damit der Partner, die Partnerin jeweils zusammenfassen kann, was er/sie verstanden hat.

- Das Gespräch soll im Fluss bleiben, d.h., Sie beginnen mit einer emotionalen Selbstöffnungsaussage, der Partner, die Partnerin fasst das Gehörte zusammen, Sie fahren fort und ergründen weitere Emotionen und wichtige Gedanken, der Partner, die Partnerin fasst erneut zusammen usw.
- Versuchen Sie in der Zeit als Sprecher:in, auf Ihre Bedürfnisse und Wünsche zu kommen.
- Wechseln Sie nach 15–20 Minuten die Rollen. Achten Sie darauf, dass bei jedem Gespräch immer beide Partner:innen in beiden Rollen sein können.

Die SaGeBe-Methode erweist sich bei den in Kapitel 2 beschriebenen Konfliktstilen als nützlich, dennoch gehen wir nachfolgend zusätzlich auf weitere Möglichkeiten zur Veränderung bei den verschiedenen Konfliktstilen ein.

Veränderung des vermeidenden Konfliktstils

Wie erläutert wurde, gibt es verschiedene Gründe für einen vermeidenden Konfliktstil:

- Schwierigkeit, eigene Bedürfnisse wahrzunehmen,
- Schwierigkeit, eigene Bedürfnisse mitzuteilen,
- Schwierigkeit, Spannungen auszuhalten.

Entsprechend gilt es bei diesen Punkten anzusetzen, um diesen Konfliktstil verändern zu können. Wenn es um die Schwierigkeit geht, die eigenen Bedürfnisse wahrzunehmen, kann es hilfreich sein, sich die nachfolgenden Fragen zu stellen.

Selbstevaluation Woran merke ich, dass mich etwas stört?	Trifft gar nicht zu					Trifft sehr zu
	0	1	2	3	4	5
Ich denke noch lange über die Situation nach und grüble.	☐	☐	☐	☐	☐	☐
Ich verspüre ein schales Gefühl, wenn ich an die Situation denke.	☐	☐	☐	☐	☐	☐

Selbstevaluation Woran merke ich, dass mich etwas stört?	Trifft gar nicht zu					Trifft sehr zu
	0	1	2	3	4	5
Ich fühle mich angespannt, nervös oder aufgekratzt.	☐	☐	☐	☐	☐	☐
Ich spüre eine diffuse Unzufriedenheit.	☐	☐	☐	☐	☐	☐
Ich merke an meinem Partner, meiner Partnerin, dass etwas nicht stimmt.	☐	☐	☐	☐	☐	☐
Ich selbst merke nichts, andere sprechen mich darauf an und fragen mich, ob ich etwas hätte.	☐	☐	☐	☐	☐	☐

Wenn Sie häufig mit „trifft sehr stark zu" geantwortet haben, weist dies darauf hin, dass Sie sehr wohl einiges stört und es an der Zeit wäre, dies anzusprechen. Es gilt, diese innere Hürde zu überwinden, Störendes anzusprechen. Wie Sie es auf angemessene Weise tun können, wurde mit der SaGeBe-Methode eben ausgeführt.

Da ein vermeidender Konfliktstil häufig mit einem starken Harmoniebedürfnis und einer ausgeprägten Konfliktscheu einhergeht, lohnt es sich herauszufinden, woher dies kommt, welchen Anteil man daran selbst hat und was der Partner, die Partnerin dazu beiträgt. Häufig sind bei einem vermeidenden Konfliktstil eigene wunde Punkte relevant, die in Leitsätzen daherkommen. Es gilt, diese Leitsätze zu hinterfragen, um einen vermeidenden Konfliktstil ablegen zu können.

Selbstanalyse: Welche Leitsätze habe ich?

- „Ich darf nicht negativ auffallen."
- „Ich darf nicht schwierig sein."
- „Ich muss mich anpassen."
- „Ich muss dankbar und zufrieden sein."
- „Ich darf keine Ansprüche stellen."
- „Ich darf nicht stören."

Überlegen Sie sich, ob einer dieser Sätze auf Sie zutrifft, oder formulieren Sie den Leitsatz, der zu Ihnen passt und von dem Sie merken, dass er Ihr Erleben und Verhalten maßgeblich beeinflusst.

Ein Leitsatz geht mit einem Gebot oder Verbot einher. Es sind innere Ansprüche, welchen man gerecht zu werden versucht – meist um keine negativen Folgen zu erfahren, wie Zurückweisung, Ablehnung, Kritik, Kränkung, Bloßstellung oder Verlassenwerden. Die Leitsätze formulieren das Thema des wunden Punktes aus.

Solange diese Leitsätze einen daran hindern, einen offenen Konflikt mit dem Partner, der Partnerin zu führen, so lange wird auch der vermeidende Konfliktstil nicht verändert werden können. Beide Partner:innen sollten sich daher gegenseitig unterstützen, aus diesem Muster auszubrechen, indem Leitgedanken erkannt, hinterfragt und verändert werden. Es gilt vor allem, die mit den Leitgedanken verbundenen Ängste anzusprechen, welche das Harmoniebedürfnis auslösen und aufrechterhalten. Hierzu eignet sich die SaGeBe-Methode.

Wenn die direkte Kommunikation, d.h. ein offenes und authentisches Gespräch über Störendes, schwerfällt, kann das Paar als Zwischenschritt auch eine Form der *indirekten Kommunikation* als Einstieg nutzen, bevor schließlich (und das ist das Endziel) ein offenes Konfliktgespräch möglich wird. Hierzu eigenen sich beispielsweise die folgenden Möglichkeiten:

Kommunikationstagebuch

Dazu kann das Paar an einem bestimmten Ort zu Hause ein Tagebuch auslegen, in das beide Partner:innen persönliche Einträge schreiben, die von beiden gelesen werden können. Ziel des Kommunikationstagebuchs ist es, sowohl positive als auch negative Erlebnisse und Erfahrungen im Rahmen der Partnerschaft aufzuschreiben und neben Lob und Komplimenten („Es war schön, dass du heute da warst, als ich nach Hause kam, das hat mich sehr gefreut. Ich bin zurzeit sehr anhänglich und schätze deine Anwesenheit“) auch Raum für Kritik und Störendes zu bieten („Dass du den ganzen Nachmittag nicht ans Telefon gingst, hat mich verunsichert. Ich konnte dich mehrere Stunden nicht erreichen. Du weißt, ich bin zurzeit sehr anhänglich und muss mit jemandem reden können. Ich hätte mir gewünscht, dass du zurückrufst, wenn du meine Nummer siehst“).

Im Kommunikationstagebuch soll jedoch erneut nicht nur die Situation beschrieben werden (Sa), sondern insbesondere wichtige Gefühle (Ge) und Bedürfnisse (Be), die nicht befriedigt wurden, notiert werden. Manche Paare erstellen auch direkt eine Art Tabelle, beschriften die Spalten bereits mit Sa, Ge, Be und strukturieren auf diese Weise die Einträge.

Mittels des Kommunikationstagebuches können Menschen, die Mühe haben, dem Partner, der Partnerin Kritik direkt mitzuteilen, ihre Beobachtungen und Erlebnisse in Form eines kurzen Eintrags niederschreiben und so als Diskussionsthema platzieren. Diese Kommentare können anschließend genutzt werden, um gewünschte Verhaltensänderungen anzustoßen und umzusetzen. Sie dienen dazu, das gemeinsame Gespräch schrittweise zu stimulieren.

Beschwerde-Briefkasten

Eine andere Möglichkeit, die Konfliktvermeidung zu durchbrechen, ist ein Beschwerde-Briefkasten. Das Paar kann an einem bestimmten Ort zu Hause einen „Beschwerde-Briefkasten" aufstellen, in den beide Partner:innen Zettel mit Dingen einwerfen, die sie am Partner, an der Partnerin oder an der Beziehung stören und für die sie sich eine Veränderung wünschen.

Dabei sollten die Zettel gemäß der SaGeBe-Methode verfasst werden und folgende Punkte umfassen: (1) Mitteilen, was einen stört (Sa: Situation, Verhalten), (2) Schilderung der damit einhergehenden Gefühle (Ge: Was löst die Situation oder das Verhalten des Partners, der Partnerin bei einem aus?), (3) Mitteilen von Bedürfnissen (Be: Was würde man sich wünschen?), ggf. bereits mit Anregungen und Lösungsvorschlägen. Hilfreich kann sein, wenn ein Stapel solcher Zettel bereitliegt, die dann nur noch beschrieben werden müssen.

Der Beschwerde-Briefkasten kann im Sinne eines Rituals einmal wöchentlich vom Paar gemeinsam geleert werden: Man bestimmt für das gemeinsame Leeren einen Zeitpunkt, sichtet die Zettel bei dieser Gelegenheit miteinander (legt sie z.B. auf dem Tisch aus) und spricht anschließend darüber, was die eine Person stört und was die andere. Die Zettel werden dann so sortiert, dass diejenigen Punkte, die als besonders unzufriedenstellend in der Beziehung erlebt werden, obenauf liegen. Man kann die Zettel nach Partner:in oder nach Thema in zwei oder mehrere Stapel sortieren. Anschließend wird jeweils ein Zettel von einem der Stapel genommen und darüber unter Anwendung der SaGeBe-Methode gesprochen. Bei vielen Zetteln müssen auch nicht alle auf einmal besprochen werden. Es ist besser, den einzelnen Themen ausreichend Raum und Zeit zu geben, als möglichst alle schnell und oberflächlich durchzugehen.

Mittels dieser Zettel fällt es oft leichter, die Themen, welche einen stören oder belasten, anzusprechen, da man sich bereits Gedanken dazu gemacht hat und Gefühle und Bedürfnisse benannt wurden, als man den Zettel beschrieb. Durch die Zettel kann so die Schwelle gesenkt werden, über Störendes zu sprechen. Liegen keine Zettel im Briefkasten, sollte sich das Paar ehrlich fragen, ob es denn wirklich nichts Störendes gibt oder ob sich keiner getraut hat, etwas zu notieren. Es braucht vielleicht mehrere Anläufe, bis die Schwelle genommen werden kann, um einen Zettel zu deponieren. Wenn es tatsächlich nichts zu bemängeln gibt, kann man sich auch einfach freuen und dem Partner, der Partnerin in diesem Fall z.B. dafür danken. Durch das Ansprechen, was einem guttut und einen freut, werden indirekt ebenfalls Bedürfnisse kommuniziert.

Merke

Bei einem großen Haufen an Zetteln realisiert das Paar, dass es sich lohnen würde, Störendes gleich anzusprechen, anstatt es zu einem Berg anwachsen zu lassen. Diesen abzubauen, kostet sehr viel mehr Energie und Zeit, als wenn gleich jedes Thema einzeln bei seinem Auftreten angesprochen und aus dem Weg geräumt würde.

Nach dem Austausch über die störenden Punkte und das SaGeBe-Gespräch können sich die beiden Partner:innen ein informatives Feedback geben und sich gegenseitig mitteilen, wie sie das Gespräch erlebt haben (auf einer Skala von 1–10, von sehr unangenehm bis sehr angenehm). Dabei können sie herausarbeiten, was schwierig war bzw. was von ihnen als angenehm und hilfreich erlebt wurde. Sie können dadurch gemeinsam herausfinden, wo die Schwierigkeiten liegen, Dinge anzusprechen, und was ihnen hilft oder es ihnen erleichtert, es zu tun.

Mit der Zeit wird das Paar feststellen, dass die anfänglichen Hindernisse mit jeder weiteren Gesprächsrunde reduziert werden und es zusehends leichter fällt, Konfliktthemen anzugehen. Indem man erlebt, dass das Ansprechen von Störendem nicht zur Katastrophe führt, sondern Verständnis und positive Veränderung ermöglicht, kann es gelingen, die eigenen Leitsätze zu verändern und die Konfliktscheu abzubauen. So kann ein vermeidender Konfliktstil überwunden werden, auch wenn dieser nur von einem Partner, einer Partnerin gezeigt wird.

Kommunikationsinseln

Eine dritte Möglichkeit besteht darin, dass das Paar in seinem Kalender „Kommunikationsinseln" festlegt. Zu diesen Zeitinseln setzt man sich zusammen, schottet sich vom Alltag und den Kindern oder Störquellen wie Handy und Fernsehen ab und bespricht Dinge, die anstehen und einen beschäftigen. Erneut kann die SaGeBe-Methode verwendet werden, um den Austausch konstruktiv zu gestalten.

Diese Kommunikationsinseln sollten mindestens alle zwei Wochen eingeplant werden und in einem festen Rhythmus stattfinden, wenn möglich immer am gleichen Wochentag und zur selben Zeit, damit diese Standortgespräche zur Routine werden. Wenn etwas dazwischenkommt, sollte das Paar den ausgefallenen Termin durch einen neuen ersetzen, da ansonsten die Gefahr besteht, dass die Termine rasch vergessen werden, wenn sie nicht regelmäßig genutzt werden.

Rituale etablieren

Eine weitere Möglichkeit besteht in gemeinsamen Ritualen. Dies können fest eingeplante Aktivitäten zu bestimmten Zeiten (morgens, abends, am Wochenende, vergleichbar mit den Kommunikationsinseln) sein. Anders als die Kommunikationsinseln beinhalten sie jedoch umfassendere Abläufe. Das Ansprechen von Störendem ist nur ein Teil von ihnen und ist eingebettet in ein größeres Ritual, das auch Raum lässt für kreative, musische, kulturelle oder sportliche Begegnungen und Aktivitäten (z.B. Spielen, Austausch über Lektüre, Diskussionen über Politik oder andere spannende Themen, gemeinsamer Spaziergang, Museumsbesuch). So kann das Paar beispielsweise einen Morgen- oder Abendspaziergang im Sinne eines Rituals fest einplanen und diese Gelegenheit zusätzlich zur Aussprache nutzen. Dadurch wird das Konfliktgespräch selbstverständlich und Teil der Paarroutine.

Zum Nachdenken
Welches Format eignet sich für uns am besten, um der Konfliktvermeidung entgegenzuwirken und eine Plattform für einen regelmäßigen Austausch über Störendes zu schaffen? Welche zusätzlichen, anderen Ideen haben wir?

Veränderung des schwelenden Konfliktstils

Auch beim schwelenden Konfliktstil gilt es, zuerst das Muster aufzudecken und anzuerkennen, dass Konflikte von einem oder beiden schwelend ausgetragen werden, sodass in der Beziehung „dicke Luft" herrscht. Diese ehrliche Offenheit braucht es, um weiterzukommen. Wenn eine:r der beiden Partner:innen abwehrt und den schwelenden Konfliktstil leugnet („Aber nein, wir haben keine Spannung, es ist doch alles normal"; „Ich schweige dich nicht an, ich bin nur müde"; „Es ist alles in Ordnung, erfinde keine Probleme"; „Ich bin nicht seltsam, was soll das?"; „Ich weise dich nicht ab, sei keine Mimose"), ist es schwierig bis unmöglich, aus diesem Muster auszubrechen. Es müssen beide einsehen und zugeben, dass ihre bisherige Art der Konfliktaustragung ungünstig ist und es wichtig ist, einander offen und transparent Störendes mitzuteilen, anstatt zu schmollen und sich beleidigt zurückzuziehen. Wenn nur ein Partner, eine Partnerin zu diesem Konfliktstil neigt, dann sollte er/sie die Größe haben, dazu zu stehen. Der andere kann ihn/sie darin unterstützen, den schwelenden Konfliktstil zu erkennen und verändern zu wollen. Am Ende müssen beide mitwirken, damit es gelingen kann, diesen Konfliktstil zu verändern.

Erneut sollte zuerst nach den Hintergründen dieses Konfliktstils und nach den Ursachen gesucht werden, weshalb dieser im Alltag Eingang gefunden hat und warum er aufrechterhalten wird. Erst wenn diese Barrieren durch Wahrnehmen, Hinsehen und Akzeptieren aus dem Weg geräumt sind, kann es gelingen, einer konstruktiven Konfliktkommunikation den Weg zu ebnen. Hilfreich dabei können die nachfolgenden Fragen sein:

Selbstevaluation Warum neige ich zu einem schwelenden Konfliktstil?	Trifft gar nicht zu					Trifft sehr zu
	0	1	2	3	4	5
Ich kenne nichts anderes, schon in meiner Herkunftsfamilie wurden Konflikte so ausgetragen.	☐	☐	☐	☐	☐	☐
Ich kann dadurch Einfluss nehmen und dem Partner, der Partnerin Gegengewicht geben.	☐	☐	☐	☐	☐	☐
Ich habe alles andere probiert, es hat nichts genützt. Nun ziehe ich mich halt zurück und schmolle.	☐	☐	☐	☐	☐	☐
Ich habe Angst, in einem offenen Konfliktgespräch unter die Räder zu kommen. Mit diesem Konfliktstil passiert mir das nicht.	☐	☐	☐	☐	☐	☐
Dieser Konfliktstil entspricht meiner Persönlichkeit. Ich bin nicht der Typ für offene Konfrontationen.	☐	☐	☐	☐	☐	☐
Ich bin vor allem Opfer des schwelenden Konfliktstils meines Partners, meiner Partnerin. Selbst halte ich nichts von dieser Art der Kommunikation.	☐	☐	☐	☐	☐	☐
Ich lasse unser Kind / unsere Kinder / ein bestimmtes Kind meinen Frust spüren, wenn es mich nicht unterstützt hat.	☐	☐	☐	☐	☐	☐

Ansatzpunkte, um einen schwelenden Konfliktstil zu überwinden, liegen in folgenden Bereichen:

- Beide Partner:innen sollen sich bemühen, die gegenseitige Positivität im Alltag zu erhöhen. Es gilt, im Alltag mehr gegenseitiges Interesse, wechselseitige Achtung und Wertschätzung aufzubauen. Die Partner:innen sollen sich um einen netten Umgang miteinander bemühen, der zur Selbstverständlichkeit wird, und bestrebt sein, die Alltagskommunikation positiver zu gestalten. Wenn es einem in der Beziehung gut geht, man sich verstanden fühlt und spürt, dass einem der Partner, die Partnerin Wohlwollen entgegenbringt, wagt man es eher, Störendes anzusprechen und dies nicht indirekt kundzutun.

- Damit man erkennt, was einen stört, muss man sich seiner Gefühle bewusst werden. Es gilt, die eigenen Gefühle wahrzunehmen und die negative Stimmung und Befindlichkeit als Hinweis für Missstände zu deuten, die dazu ermutigen, Probleme offen anzusprechen.
- Anstatt des schwelenden Konfliktmusters lohnt es sich, die SaGeBe-Methode anzuwenden und Störendes direkt anzusprechen.

Sobald der erste Schritt in diese Richtung getan ist, wird es dem Paar leichter fallen, den schwelenden Konfliktstil allmählich zu durchbrechen. Bemühungen hinsichtlich des offenen Ansprechens von Störendem sollten dabei von beiden unterstützt werden. Auch wenn der eine oder die andere gelegentlich in dieses Muster zurückfällt, ist jeder Versuch wertvoll, bei dem das offene Konfliktgespräch gesucht wird. Dies soll gewürdigt und verstärkt werden. Im Zweifelsfall sollte man immer selbst den ersten Schritt zu einem offenen und konstruktiven Konfliktgespräch tun und ihn nicht vom anderen erwarten. Dabei soll der Vorstoß freundlich-motivierend und nicht mit Druck und Zwang erfolgen. Damit dies gelingen kann, sollte man auf die Gestik, Mimik und den Tonfall achten. Wenn alle Bestrebungen zu keinem Ziel führen, sollte professionelle Unterstützung in Anspruch genommen werden.

Zum Nachdenken
Bin ich / sind wir bereit, diesen Konfliktstil zu verändern? Was hilft mir/uns dabei, dies zu tun? Welche Hindernisse müssen dabei überwunden werden?

Veränderung des passiv-aggressiven Konfliktstils

Bei der Entstehung und Aufrechterhaltung des passiv-aggressiven Konfliktstils spielen beide Partner:innen eine wichtige Rolle. Es gibt nicht den „lieben“ und den „bösen“ Partner, beide haben gute und schwierige, angenehme und unangenehme Seiten, und Probleme entstehen meist im Zusammenspiel, wie bei den anderen Konfliktstilen ebenfalls. Doch während der eine Partner, die eine Partnerin verbal-aggressiv kommuniziert, wählt der/die andere ein passiv-aggressives Kommunikationsverhalten. Beides ist problematisch, wie in Kapitel 2 gezeigt wurde. Es müssen daher beide ihren Kommunikationsstil verändern, damit das passiv-aggressive Verhalten durchbrochen werden kann. Es gilt, dabei dominante Muster zu erkennen und zu verändern und sich dazu anbietende Weichenstellungen in der Kommunikation zu nutzen. Dies soll das nachfolgende Beispiel illustrieren.

Beispiel

Kerstin: Ich habe mich sehr geärgert, dass du ein solches Theater gemacht hast und schon im Bett warst, als ich später nach Hause kam. Du weißt, dass ich eine anstrengende Phase im Job habe.

Paul: Du hast mir um 16 Uhr eine SMS geschrieben, dass du im Supermarkt noch ein Dessert kaufen gehst, da dachte ich, du würdest früher nach Hause kommen und hättest einen easy Nachmittag. Ich hatte mich auf dich gefreut und war frustriert, als du doch später kamst.

Kerstin: Ich habe dir geschrieben, dass ich ein Dessert kaufen gehe, aber ich habe dir nicht geschrieben, dass ich früher nach Hause kommen werde. Ich hatte da kurz ein freies Zeitfenster und wollte was Leckeres für den Abend kaufen. Ich weiß ja, dass du diese Crème Caramel besonders magst.

Paul: Aber es wirkte so, als würdest du früher kommen.

Kerstin: Du hast es einfach so interpretiert. Gesagt hatte ich das nicht.

Paul: Du könntest dich auch einfach entschuldigen und die Größe haben einzugestehen, dass du mir falsche Hoffnungen gemacht hattest.

Kerstin: Ich muss mich für gar nichts entschuldigen! *Du* hast den Abend vermiest! Aber nein, immer versuchst du, mir die Schuld in die Schuhe zu schieben.

Analyse

Analysieren Sie dieses Beispiel. Wo erkennen Sie Weichenstellungen, wo Kerstin oder Paul dem Gespräch eine andere Wendung hätten geben können?

Ideal ist, wenn Ihr Partner, Ihre Partnerin das Beispiel unabhängig von Ihnen analysiert. Tauschen Sie sich anschließend aus und diskutieren Sie Ihre jeweiligen Sichtweisen.

Meine Analyse des Beispiels: Kerstin steigt mit einem Vorwurf ein (Kritik, aber nicht generalisierende Kritik, was schon mal ganz gut ist), dabei macht sie eine kurze emotionale Selbstöffnung („Ich habe mich sehr geärgert ...“), die allerdings rudimentär bleibt und nicht ausreicht, um für eine Wende zu sorgen. Insgesamt wirkt sie dominant und rückt keinen Zentimeter von ihrer Position ab. Paul schildert, warum er dachte, dass Kerstin früher nach Hause kommen könnte („Du hattest mir um 16 Uhr eine SMS geschrieben, dass du im Supermarkt noch ein Dessert kaufen gehst“), und erläutert, dass ihn diese Nachricht freudig gestimmt hatte und er anschließend Frust empfand, als Kerstin dann doch nicht früher heimkam. Hier ist eine erste Weichenstellung. Auf diese Aussage („Ich hatte mich auf dich gefreut“) hätte Kerstin eingehen können, dadurch wäre das Gespräch in eine andere Bahn gelenkt worden („Ja, ich hatte mich auch auf den Abend mit dir gefreut und war extra für dich dein Lieblingsdessert kaufen gegangen. Das ist blöd gelaufen, dass du aufgrund meiner SMS dachtest, ich würde früher nach Hause kommen. Ich kann das verstehen“). Darauf hätte Paul sicher seinerseits positiv reagiert, es nett empfunden und sich mitunter sogar bedankt für die nette Geste mit der Crème Caramel. Doch anstatt diesen Ball aufzugreifen, beharrt Kerstin darauf, dass sie nichts falsch gemacht hat („Ich habe dir nicht geschrieben, dass ich früher nach Hause kommen werde“), und bleibt damit auf der negativen Schiene, worauf Paul wiederum trotzig reagiert. Doch auch er hätte die Chance gehabt, das Steuer herumzuwerfen. Die nachfolgende Aussage von Kerstin war für ihn eine gute Gelegenheit („Ich hatte da kurz ein freies Zeitfenster und wollte was Leckeres für den Abend kaufen. Ich weiß ja, dass du diese Crème Caramel besonders magst.“). Er hätte diese Weichenstellung ergreifen können. Offenbar hatte Kerstin etwas ihm zuliebe tun wollen. Er hätte beispielsweise sagen können: „Ja, das finde ich nett, dass du an mich gedacht hast und extra Crème Caramel für mich kaufen gingst. Ich hätte mich auch darüber gefreut, doch ich war dann so fixiert darauf, dass du früher nach Hause kommst, dass am Schluss nur noch der Frust im Vordergrund stand, dass dem doch nicht so war. Es hätte definitiv anders laufen können. Ich sehe da auch meinen Anteil am verpatzten Abend.")

Stattdessen verlief dieses Streitgespräch negativ, so wie auch der Abend, auf den es sich bezog. Als Kerstin nach Hause kam, lag Paul im Bett und klagte über starke Bauchschmerzen. Er könne nicht aufstehen, es gehe ihm schlecht, er würde nicht zum Abendessen kommen, Kerstin solle allein essen. Paul fühlte sich körperlich aber überhaupt nicht schlecht, es ging ihm bestens. Er war nur enttäuscht und verärgert. Er fühlte sich von Kerstin dominiert und ihr unterlegen. Sie walzte ihn mit ihren Argumenten nieder und er empfand es so, dass er gegen sie keine Chance hatte. Sie blieb bei ihrer Meinung und wich nicht davon ab, dass sie im Recht war. Das ärgerte ihn. Seine Bauchschmerzen und dass er nicht mehr zum Abendessen kam (und die Crème Caramel, die Kerstin mitgebracht hatte, links liegen ließ), waren eine passiv-aggressive Sabotage, um den Abend noch vollends zu ruinieren und Kerstin zu zeigen, dass man so mit ihm nicht umspringen kann.

Merke
Ein passiv-aggressiver Kommunikationsstil muss zuerst offengelegt werden. Erst wenn beide Partner:innen anerkennen, dass sie unterschiedlich destruktiv kommunizieren und eine:r den passiv-aggressiven Stil zeigt, kann ein Ausstieg aus diesem Muster gelingen.

Erneut gilt es vor allem, auf die Gründe einzugehen, weshalb ein Partner, eine Partnerin zu passiver Aggression greift und die Kommunikation in dieser Weise gestaltet. Häufig geht es dabei um ein subjektiv wahrgenommenes Machtgefälle (wie bei Kerstin und Paul), man fühlt sich unterlegen oder unfair behandelt und sieht keine andere Möglichkeit, als sich mit fiesen Strategien dagegen zu wehren. Man versucht mit diesem Mittel, den Partner, die Partnerin zu „erziehen" oder ihm/ihr eines auszuwischen. Damit dieses Muster durchbrochen werden kann, muss das zugrundeliegende Dominanz- oder Machtgefälle offen angesprochen und dem Partner, der Partnerin mitgeteilt werden, welche Gefühle und Gedanken es in einem auslöst („Gegen dich habe ich eh keine Chance, dann probiere ich es halt mit einer anderen Strategie").

Erst wenn der passiv-aggressive Part bereit ist, sein/ihr Verhalten als solches zu erkennen und beide Partner:innen die Motivation haben, ihre Verhaltensmuster und Macht- und Dominanzthemen zu bearbeiten, wird es möglich, das passiv-aggressive Muster zu verändern und eine konstruktive Kommunikation zu ermöglichen. Hilfreich dabei ist erneut die SaGeBe-Methode, um die negativen Gefühle (z.B. Frustration, Ärger, Enttäuschung, Traurigkeit) und die nicht befriedigten Bedürfnisse (z.B. nach Wertschätzung, Anerkennung, Bindung) anzusprechen. Weiter sollte das Paar die Macht-Dominanz-Thematik bearbeiten und herausfinden, woher sie kommt und wie sie verändert und überwunden werden kann. Gelingt dies dem Paar nicht aus eigener Kraft, ist es ratsam, eine Paartherapie aufzusuchen.

Veränderung des verbal-aggressiven Konfliktstils

An und für sich sind Lebendigkeit und Emotionalität wichtige Facetten von Partnerschaften (vgl. leidenschaftliche Paare, Kapitel 1). Leidenschaft wird in vielen Beziehungen geschätzt, und viele möchten diesen Aspekt nicht missen. Sie ist das Salz in der Suppe, verschafft immer wieder einen anregenden Kick und eine interessante Spannung, welche die Paarbeziehung und Liebe dynamisch und lebendig halten. Wenn jedoch dieses leidenschaftliche Feuer in unkontrollierte Hitzigkeit und unbeherrschte Wut in Konflikte übergeht und die Emotionen außer Kontrolle geraten, endet für viele das Verständnis.

Die SaGeBe-Methode ist eine bewährte Möglichkeit, um temperamentvollen Paaren ein Mittel an die Hand zu geben, wie sie ihre Emotionen kanalisieren können, um nicht unnötig Geschirr zu zerschlagen. Anstatt den negativen Gefühlen (Ärger, Wut, Groll), die gegen den Partner, die Partnerin gerichtet sind, einfach ihren Lauf zu lassen, können sie mit Hilfe der Kommunikationsregeln lernen, ihre internalisierenden[84] Gefühle (z.B. Enttäuschung, Angst, Traurigkeit, Einsamkeit) in angemessener Weise auszudrücken. Es ist einfacher für den Partner, die Partnerin, auf internalisierende Gefühle wie Enttäuschung oder Traurigkeit positiv zu reagieren, als auf gegen ihn/sie gerichtete Emotionen wie Wut.

Wenn der Partner, die Partnerin sagt: „Ich war enttäuscht, dass du gestern unseren Kennenlerntag vergessen hast. Es hätte mir viel bedeutet zu spüren, dass dieser Tag auch für dich wichtig ist. Ich habe Angst, dass wir zu wenig Zeit füreinander haben und uns verlieren", erlaubt diese Äußerung dem anderen sehr viel besser, auf das Problem und die Bedürfnisse des Partners, der Partnerin einzugehen, als wenn Vorwürfe mit nach außen gerichteten Gefühlen geäußert werden („Das war wieder mal so typisch für dich: Dir ist es völlig egal, dass wir unseren Kennenlerntag hatten. Unsere Beziehung interessiert dich wohl überhaupt nicht. Das macht mich echt wütend"). Auf Wut ist es schwer, konstruktiv zu reagieren. Es steht zu viel negative Energie im Raum, welche die Physiologie hochpeitscht und sich frontal gegen den Partner, die Partnerin richtet. Entsprechend kontert er/sie oft mit Gegenaggression, und das Gespräch nimmt leicht einen eskalativen Verlauf. Es ist daher für leidenschaftliche Paare oder temperamentvolle Personen besonders wichtig zu lernen, über internalisierende Gefühle zu sprechen. Indem sie dies tun, gelingt es besser, das Gespräch in konstruktive Bahnen zu lenken, Verständnis, Betroffenheit und Anteilnahme auszulösen und die Motivation für eine gelingende Problemlösung zu schaffen („Oh, es tut mir echt leid, dass ich unseren Kennenlerntag vergessen habe. Ich wollte dich auf keinen Fall traurig machen. Ich liebe dich sehr, auch wenn ich den Tag vergessen habe. Ich markiere mir das Datum, damit ich es nächstes Jahr nicht wieder vermassele").

Für Paare mit einem verbal-aggressiven Konfliktstil ist es zudem hilfreich, wenn sie sogenannte „Trigger" erkennen, welche immer wieder (oft aus heiterem Himmel) zu hitzigen Wortgefechten führen und das Gespräch entgleisen lassen. Solche „Trigger" können genutzt werden, um einen an Fahrt aufnehmenden Streit mit einem Stopp-Signal vorübergehend zu beenden. Das Gespräch wird kurzfristig unterbrochen. Während dieses Unterbrechens versuchen beide, sich zu beruhigen und wieder einen klaren Kopf zu bekommen. Nützlich ist, wenn das Paar dazu eine Entspannungsmethode zur Hand hat, welche ihm hilft, die starke physiologische Erregung herunterzuregulieren.

Zur Entspannung kann z.B. die progressive Muskelentspannung[85] angewendet werden, die leicht erlernbar und sehr effizient ist.

Anleitung zur progressiven Muskelentspannung

1. Setzen oder legen Sie sich bequem hin, lockern Sie enge Kleidungsstücke.
2. Schließen Sie die Augen und konzentrieren Sie sich auf Ihren Körper.
3. Achten Sie auf Ihre Atmung. Atmen Sie tief durch den Mund aus und die Nase ein.
4. Spüren Sie, welche Körperpartien auf dem Stuhl oder der Unterlage aufliegen. Atmen Sie weiter langsam tief ein und aus.
5. Nun konzentrieren Sie sich auf Ihre Hände, spüren Sie, wie sie sich anfühlen, wo und wie sie auf der Stuhllehne oder der Unterlage aufliegen.
6. Ballen Sie die rechte Hand zur Faust, spannen Sie die Muskeln der rechten Hand fest an, halten Sie die Spannung während ca. 5 Sekunden und lassen Sie anschließend die Anspannung los. Entspannen Sie. Spüren Sie den Unterschied zwischen Anspannung und Entspannung, achten Sie darauf, wie Ihre rechte Hand nun schwer und warm ist, wie von ihr eine wohlige Entspannung ausgeht. Wiederholen Sie die Übung mit der rechten Hand (erneut für 5 Sekunden Anspannen der Faust).
7. Nach ca. 15 Sekunden spannen Sie nun die linke Hand zur Faust, spannen Sie die Muskeln an, halten Sie die Spannung während ca. 5 Sekunden und entspannen Sie. Spüren Sie den Unterschied zwischen Anspannung und Entspannung, achten Sie darauf, wie Ihre linke Hand nun schwer und warm wird, wie von ihr Entspannung ausgeht. Führen Sie auch dieses Anspannen nochmals durch.
8. Atmen Sie während der gesamten Übung langsam und tief ein und aus. Versuchen Sie, sich auf Ihren Atem zu konzentrieren. Denken Sie an Ihren Atem, an die Entspannung, die sich ausbreitet, die Ruhe, welche Sie verspüren, und denken Sie an nichts anderes.

9. Nun konzentrieren Sie sich auf Ihre Arme. Spannen Sie die Muskeln des rechten Armes an, indem Sie den Arm anwinkeln und den Bizeps anspannen. Halten Sie die Spannung während ca. 5 Sekunden und entspannen Sie. Spüren Sie den Unterschied zwischen Anspannung und Entspannung. Achten Sie darauf, wie Ihr rechter Arm nun schwer und warm ist, wie von ihm Entspannung ausgeht. Wiederholen Sie die Übung wie gehabt.
10. Nach ca. 15 Sekunden spannen Sie den linken Arm an, spannen Sie den Bizeps, halten Sie die Spannung während ca. 5 Sekunden und entspannen Sie danach. Spüren Sie den Unterschied zwischen Anspannung und Entspannung, achten Sie darauf, wie Ihr Arm nun schwer und warm ist, wie von ihm Entspannung ausgeht. Führen Sie die Übung ein zweites Mal analog durch.
11. Die Übung wird anschließend auf folgende Körperpartien angewendet und jeweils zweimal wiederholt:
    - Gesicht (Stirn, Kiefer, Zähne und Lippen zusammenpressen)
    - Bauch (Bauch einziehen und anschließend herauspressen)
    - Beine (Schenkel und Waden anspannen)
    - Füße (Füße und Zehen nach vorne strecken und wegdrücken)
12. Bauen Sie diejenigen Regionen oder Muskelpartien, die Ihnen als verkrampft vorkommen, speziell in den Ablauf mit ein. Die Übung kann je nach Zeit und Bedarf auf weitere Körperpartien ausgedehnt werden.
13. Genießen Sie das Gefühl der Ruhe und der wohligen Wärme und nehmen Sie die Entspannung in die Situation mit.
14. Öffnen Sie anschließend die Augen, erinnern Sie sich, wo Sie vor der Übung waren und dass Sie nun das Gespräch mit Ihrem Partner, Ihrer Partnerin wiederaufnehmen möchten.
15. Versichern Sie sich, dass die Entspannung stärker ist als eine möglicherweise wieder aufkommende Anspannung, wenn Sie an das Gespräch mit Ihrem Partner, Ihrer Partnerin denken.
16. Gehen Sie erst ins Gespräch zurück, wenn Sie sich entspannt fühlen.

17. Üben Sie die Entspannungsmethode häufig, damit Sie diese Möglichkeit der Entspannung in Konfliktsituationen zur Verfügung haben.

Merke

Achten Sie während der Übung auf eine regelmäßige, ruhige Atmung. Richten Sie Ihre Konzentration auf die Entspannung und denken Sie nicht mehr an den Konflikt, versuchen Sie, Ihre negativen Gefühle (Ärger, Wut, Empörung, Verzweiflung etc.) loszulassen und ganz in die Entspannung hineinzukommen. Wiederholen Sie für sich den Satz: „Ich beruhige mich jetzt. Nur so kann ich dem Partner, der Partnerin mitteilen, worum es mir geht."

Nehmen Sie sich Zeit, hetzen Sie nicht! Auf keinen Fall sollten Sie zum Partner, zur Partnerin zurückkehren, bevor Sie sich nicht ausreichend entspannt haben. Bleiben Sie ganz bei der Übung und lassen Sie Ihre Gedanken nicht zum Konflikt zurückwandern. Seien Sie ganz im Hier und Jetzt und lassen Sie den Konflikt weit weg sein.

Achten Sie nach der Übung darauf, ob Sie bereit sind, den Konflikt wieder aufzunehmen. Falls ja, geben Sie dem Partner, der Partnerin ein Signal. Falls nicht, fahren Sie mit der Beruhigung fort. Sollten Sie sich nicht ausreichend beruhigen können, verschieben Sie das Konfliktgespräch auf einen späteren Zeitpunkt (z.B. auf einen anderen Tag) und gehen Sie dem Partner, der Partnerin in der aktuellen Situation aus dem Weg.

Führen Sie vor dem nächsten Konfliktgespräch die Übung nochmals durch. Vergewissern Sie sich, dass Sie ausreichend ruhig sind. Machen Sie sich klar, dass Sie Ihrem Partner, Ihrer Partnerin Ihre Gefühle und Bedürfnisse nach der SaGeBe-Methode mitteilen möchten und ihn/sie nicht angreifen werden.

Respektieren Sie auch, wenn Ihr Partner, Ihre Partnerin aktuell das Gespräch nicht aufnehmen möchte. Drängen Sie nicht und üben Sie keinen Druck aus.

Suchen Sie später einen neuen Zeitpunkt für das Konfliktgespräch.

Wenn Sie realisieren, dass Sie selbst nicht klarkommen und sich vor dem nächsten Konfliktgespräch fürchten, suchen Sie Unterstützung bei einer Paarberatungsstelle oder in einer Paartherapie.

Veränderung des gewaltsamen Konfliktstils

Es ist naturgemäß nicht einfach, in einem hitzigen Konflikt die Ruhe zu bewahren, gelassen und souverän zu bleiben. Insbesondere, wenn einen etwas sehr stört oder hart trifft, kommen unweigerlich starke Emotionen ins Spiel (Wut, Empörung, Verzweiflung), die einen leicht überwältigen und zu Äußerungen veranlassen können, welche man so im Grunde gar nicht meint und die man dem Partner, der Partnerin so nie an den Kopf werfen wollte. Doch im Stress und in der Hitze des Gefechts vergessen sich viele und sprechen dann schlimme Sätze aus, die den anderen verletzten, ihn/sie am wunden Punkt treffen und zur weiteren Eskalation beitragen. Der Übergang vom verbal-aggressiven Konfliktstil zum gewaltsamen Konfliktstil kann bei psychischer Gewalt fließend sein. In der Eskalation kommt es leicht zu *Drohungen* („Wenn du mich nicht respektierst, dann kannst du mich mal. Ich bin schnell weg!"; „Pass auf, was du sagst, sonst mache ich dich so was von fertig!"), *verächtlichen Äußerungen* und *Abwertungen* („Du willst ein Mann sein? Dass ich nicht lache!") oder *Bloßstellungen* und *Erniedrigungen* („Dass du zu nichts taugst, ist jedem klar"). Psychische Gewalt wiederum kann ein Türöffner für körperliche Gewalt (schubsen, stoßen, schlagen, spucken etc.) sein.[86] So kommt es zu einem Aufschaukelungsprozess, bei dem es nur Verlierer gibt.

Merke
Gewalt in der Partnerschaft ist inakzeptabel. Sie führt immer zu einer schweren Schädigung der Beziehung, von der sich diese meist nicht mehr oder nur schwer erholt. Gewalt führt zu einem existenziellen Verlust von emotionaler Sicherheit, Vertrauen und Geborgenheit.[87] Es ist daher wichtig, dass Paare lernen, wie sie psychische und physische Gewalt vermeiden können.

Viele Möglichkeiten, um Eskalationen im Konflikt zu vermeiden, wurden bereits vorgestellt. Je nachdem, wo die Gewalt ihren Ursprung hat, sollte zudem an diesen Punkten angesetzt werden, um potenzielle Gewalt zu verhindern oder bereits aufgetretene Gewalt wieder in den Griff zu bekommen.

Bei vielen Paaren[88] liegt ein solcher Ansatzpunkt beispielsweise bei der Emotionsregulation. Dem Partner, der Partnerin, welche:r zu Gewalt neigt, fehlen häufig die Kompetenzen für einen angemessenen Umgang mit Frustrationen, Ärger und Enttäuschungen. Er/sie steigert sich in Wut und Rage hinein und wird physiologisch geflutet. In der Folge verliert er/sie die Kontrolle, und es kommt zu Gewalt. Die starke physiologische Erregung zu stoppen, indem man ein Stopp-Signal vereinbart, das in diesen Situationen ausgesprochen wird, und indem man anschließend versucht, sich herunterzufahren, sind wichtige Schritte zur Vermeidung von Gewalt. Das Gespräch sollte erst wieder aufgenommen werden, wenn beide sich beruhigt haben und wieder in der Lage sind, anständig miteinander zu sprechen. Dazu kann die SaGeBe-Methode genutzt werden.

Weitere Ansatzpunkte bei Gewalt in der Partnerschaft können die Bearbeitung von gewaltbejahenden Einstellungen, einer asymmetrischen Machtverteilung, von patriarchalischen Rollenmustern, situativen Umständen (Alkoholkonsum, Stress und Überforderung) oder von Persönlichkeitsmerkmalen (aggressive, aufbrausende Persönlichkeit, leicht kränkbare oder narzisstische Persönlichkeit, antisoziale Persönlichkeit) sein.

Bei Gewalt in der Partnerschaft ist es immer ratsam, frühzeitig professionelle Hilfe in Anspruch zu nehmen. Dies kann in Form von Kursen zur gewaltfreien Kommunikation, einem persönlichen Anti-Gewalt-Coaching, einer individuellen Psychotherapie oder einer Paartherapie erfolgen. Es gibt eine Reihe von wirksamen Ansätzen (insbesondere bei der Gewalt infolge einer starken physiologischen Erregung), und es ist wichtig, einen gewaltsamen Konfliktstil nicht zu banalisieren oder zu entschuldigen, sondern, fachlich begleitet, Wege aus der Gewalt zu finden.[89]

Merke
Bei schwerer Gewalt sollte nicht gezögert werden, Unterstützung zu suchen. Wählen Sie die Nummer der Polizei, des Notrufs oder einer Person, die in ein Notfallszenario eingeweiht ist. Suchen Sie Unterschlupf bei Nachbar:innen, Verwandten, Freund:innen oder einem Frauenhaus bzw. Männer- und Väterhaus.

Nachkonfliktgespräch

Auch wenn man sich noch so bemüht, kann es immer vorkommen, dass ein Gespräch aus dem Ruder läuft und grobe Ausdrücke fallen, die einem später leidtun. Wenn solche Situationen selten sind, ist dies in aller Regel weder für das Paar noch für die Kinder schädlich (außer bei Gewalt, die bereits einmalig verheerende Folgen haben kann). Niemand ist perfekt, und man sollte sich nicht zu sehr unter Druck setzen und meinen, keine Fehler machen zu dürfen.

Wissenswertes aus der Forschung
Negativität kann durch Positivität im Verhältnis 1:5[90] oder mindestens 1:2 kompensiert werden.[91] Und wie bereits berichtet wurde, zeigen auch Kinder keine vermehrten Verhaltensauffälligkeiten, wenn die Eltern mindestens ein Verhältnis von 1:2 (Negativität im Verhältnis zu Positivität) aufweisen.[92] Negative Äußerungen können korrigiert und kompensiert werden, außer es handelt sich um hochdestruktive Negativität, die nicht so leicht oder gar nicht mehr repariert werden kann.
Als besonders relevant hat sich zudem das Nachkonfliktgespräch erwiesen. Es können vier Nachkonfliktgesprächsmuster bei Paaren unterschieden werden:[93] (1) Vermeidung und Rückzug, (2) den Konflikt fallen lassen, (3) aktives Reparieren (z.B. indem man sich entschuldigt) und (4) Suche nach einer neuen Perspektive und Problemlösung. Während die ersten beiden Strategien ungünstig sind, geben Paare, welche die beiden Strategien des aktiven Reparierens und der Suche nach neuen Perspektiven anwenden, eine bessere Befindlichkeit nach Konflikten an. Bei Paaren mit der Vermeidungsstrategie

dauert der Stress aufgrund des Konflikts dagegen weiter lange an und es kommt seltener zu einer Versöhnung.

In den meisten Fällen hilft es, wenn nach einem heftigen Streitgespräch wieder aufeinander zugegangen wird und man sich entschuldigt, dass man vorher barsch und verletzend war („Es tut mir leid, vorhin war ich grob. Ich habe Dinge gesagt, die ich nicht so gemeint habe. Das tut mir leid, entschuldige bitte"). Auf jeden Fall ist es ratsam, nach Beendigung des Konflikts nicht einfach so zu tun, als wäre nichts vorgefallen (nach dem Motto: Schwamm drüber). Vielmehr lohnt es sich, den Konflikt, seinen Ursprung, Verlauf und Ausgang nochmals gemeinsam zu analysieren und zu überlegen, wie man künftig diese destruktive Art des Streitens vermeiden kann.

Merke
Nachkonfliktgespräche sind wichtig und können viel zur Reparatur beitragen. Allein schon die Tatsache, dass man nachträglich realisiert, dass man über die Stränge geschlagen hat und dass das nicht in Ordnung war, ist hilfreich. In einem Nachkonfliktgespräch kann man dies ansprechen und sich dafür entschuldigen. Dies wiederum öffnet die Perspektive für neue mögliche Lösungen und schafft die Motivation dazu. Das Nachkonfliktgespräch sollte möglichst rasch nach dem Konflikt erfolgen. Schön wäre, wenn beide den ersten Schritt dazu tun und nicht auf diesen vom anderen warten.

Besonders wichtig ist zudem ein klärendes Nachkonfliktgespräch mit dem Kind / den Kindern. Ein solches kann bereits ab dem Alter von vier bis fünf Jahren sinnvoll sein. Gehen Sie nach dem Konflikt mit Ihrem Partner, Ihrer Partnerin aktiv auf das Kind zu und suchen Sie das Gespräch mit ihm. Auch wenn es ausreicht, dass dies ein Elternteil tut, wäre es besser, wenn beide zusammen auf das Kind zugehen und gemeinsam mit ihm über den Konflikt sprechen. Wie dies getan werden könnte, dazu einige Hinweise.

Vorgehen beim Nachkonfliktgespräch	
1 Auf das Kind zugehen	Gehen Sie auf Ihr Kind aktiv zu, auch wenn es sich verkrochen hat, im Zimmer laut Musik hört, am Gamen ist und demonstrativ nichts mit dem Konflikt zu tun haben will oder so tut, als ob es den gar nicht mitbekommen hat.
2 Sachte Kontakt-aufnahme	Wenn es in seinem Zimmer ist, klopfen Sie an und fragen Sie, ob sie kurz zu ihm reinkommen dürfen. Gehen Sie sachte vor und platzen Sie nicht hinein. Achten Sie darauf, wie es dem Kind geht.
3 Ansprechen auf den Konflikt	Sprechen Sie das Kind darauf an, was es eben gehört hat. Auch wenn es so tut, als hätte es nichts mitbekommen, können Sie davon ausgehen, dass dem nicht so ist. Erklären Sie ihm, dass Sie als Paar einen Konflikt hatten und dieser zeitweise auch laut und heftig wurde. Erläutern Sie, dass Sie erahnen können, wie unangenehm dies für Ihr Kind gewesen sein muss.
4 Einbettung des Konflikts	Erklären Sie Ihrem Kind, dass Menschen immer wieder Konflikte haben, da man nicht immer derselben Meinung ist, nicht immer dieselben Bedürfnisse hat und oftmals auch einfach schlecht gelaunt ist und dünnhäutig reagiert. Das war nun auch bei Ihnen der Fall, aus diesem und jenem Grund kam es zu diesem Streit.
5 Entschuldigung	Entschuldigen Sie sich beim Kind dafür, dass der Streit laut war und das Kind dadurch verunsichert wurde, sich womöglich geängstigt hat oder dass im Konflikt vielleicht auch sein Name fiel.
6 Schuldgefühle verhindern	Stellen Sie klar, dass das Kind keine Schuld am Konflikt trägt, auch nicht, wenn es vorher frech oder unartig war oder Sie genervt hatte. Es ist eine Angelegenheit zwischen Ihnen als Eltern und betrifft Ihre Paarbeziehung.

Vorgehen beim Nachkonfliktgespräch	
7 Lösung	Erklären Sie dem Kind, dass der Konflikt nun vorüber ist, dass Sie gemeinsam eine Lösung gefunden haben oder noch an einer arbeiten, da das Problem kompliziert ist.
8 Emotionale Sicherheit	Geben Sie dem Kind die emotionale Sicherheit, dass der Konflikt nichts weiter zu bedeuten hat und Sie sich weiter gernhaben und deswegen nicht die Beziehung in die Brüche geht. Es hilft dem Kind, sich zu beruhigen, wenn es sieht, dass es den Eltern wieder gut miteinander geht und sie sich wieder vertragen, z.B. zärtlich zueinander sind, sich im Arm halten oder wenigstens ankündigen, dass sie nach einer Weile wieder zusammenfinden werden. Sagen Sie dies aber nur, wenn es stimmt, und machen Sie dem Kind keine falschen Hoffnungen. Lügen Sie es nicht an. Falls der Streit doch für ein nahendes Ende der Beziehung steht, sagen Sie dem Kind, was Sie zu tun gedenken (z.B. eine Paartherapie in Anspruch nehmen, eine Auszeit probieren). Stellen Sie klar, dass Sie immer um das Wohl Ihres Kindes bemüht sein werden.

Ideal beim Nachkonfliktgespräch ist, wenn Sie dem Kind mitteilen können, dass Sie effektiv eine Lösung gefunden haben oder an einer arbeiten. Wenn Sie mehrere Kinder haben, lohnt es sich, zu jedem einzeln zu gehen oder aber auch alle zusammenzurufen und vor allen den Konflikt anzusprechen und das Nachkonfliktgespräch zu führen. Beim verbal-aggressiven Konfliktstil ist das Nachkonfliktgespräch einfacher, da der Konflikt offen ausgetragen und damit klar war. Beim schwelenden oder passiv-aggressiven Konfliktstil ist dies ja nicht der Fall, was die Sache verkompliziert. Hier wäre es gut, wenn das Paar das Kind informiert, sobald die Eltern selbst über diese Konfliktstile im Klaren sind und an einer Veränderung arbeiten („Nicht wahr, manchmal ist es für dich schwierig zu verstehen, was da läuft. Man merkt uns einfach an, dass es uns nicht gut miteinander geht, dass dicke Luft ist. Wir wissen, dass wir damit das Familienklima vergiften und es auch dir schwer machen. Wir wollen nun daran arbeiten, dieses Muster zu ändern").

Die Kinder lernen durch die Nachkonfliktgespräche, dass Konflikte zum Alltag dazugehören, dass sie auch mal laut und heftig werden können, dass danach aber die „dicke Luft" wieder rein ist, wie nach einem klärenden Gewitter. Dies hilft ihnen, das Ereignis einzuordnen und nicht davon überwältigt oder geängstigt zu sein.

Da in der Hitze des Gefechts oftmals Äußerungen fallen wie „Ich kann nicht mehr", „Es hat doch alles keinen Sinn mehr", „Da können wir gleich einpacken", welche den Kindern Hinweise auf eine mögliche bevorstehende Trennung oder Scheidung geben können, gilt es, im Nachkonfliktgespräch auch diese Bemerkungen aufzugreifen und zu relativieren („Ich habe das vorhin nicht so gemeint, als ich sagte, dass alles den Bach runtergeht"; „Papa hat vorhin Dinge gesagt, wie dass er nicht mehr kann und dass alles keinen Sinn mehr hat. Das hat euch sicher erschreckt, doch das meint er nicht so"). Wichtig ist, dass die Eltern den Kindern erklären, dass dies unglückliche Formulierungen waren, die Ängste schüren können. Es gilt, deutlich zu machen: Zwar verliert man immer wieder mal den Mut und wirft sich Unschönes an den Kopf, doch bedeutet dies nicht das Ende, auch wenn es manchmal schwierig ist. Doch auch hier ist es wichtig, dass die Eltern ehrlich kommunizieren und keine falschen Hoffnungen wecken.

Zum Nachdenken

Wie gehen wir nach Konflikten miteinander um? Führen wir bereits solche Nachkonfliktgespräche? Welche Erfahrungen haben wir damit gemacht?

Befolgen wir die Regel, dass nach einem Streit nicht einfach zum „business as usual" übergegangen werden darf, sondern erst, wenn eine Klärung erfolgt und eine Lösung gefunden wurde?

Haben wir die Kinder nach einem Streit ausreichend auf dem Radar und erklären wir ihnen, was der Konflikt für sie bedeuten könnte?

Schluss: Worauf es ankommt

Spannungen und Konflikte kommen in allen Partnerschaften vor und gehören zu zwischenmenschlichen Beziehungen dazu. Wenn Menschen auf engem Raum leben und sich aneinander ausrichten, wie dies bei einer Partnerschaft in der Regel der Fall ist, geht dies oft nicht ohne Reibungen. Während die einen diese jedoch lieber unter den Teppich kehren und zu vermeiden versuchen, gehen andere härter zur Sache, und es kommt zu einem heftigen Wortwechsel oder einem aufgeheizten und wüsten Streitgespräch. Wieder andere wählen den Weg des Grollens und Schmollens und vergiften das Paar- und Familienklima schwelend. Und schließlich finden wir diejenigen, welche sich vordergründig gelassen und unbeeindruckt geben, aber heimlich und unbemerkt sabotieren und dem Partner, der Partnerin Leid zufügen. Die Spielarten, Konflikte destruktiv auszutragen, sind mannigfach und reichen von leichterer bis zu sehr schwerwiegender Negativität (z.B. psychische und physische Gewalt). Einige Formen wurden in diesem Buch vorgestellt.

Wie gezeigt wurde, gibt es jedoch auch eine konstruktive Art, mit Konflikten umzugehen. Und von dieser profitieren alle, das Paar ebenso wie die Kinder. Konstruktive Konflikte sind wertvoll und verdeutlichen dem Kind, dass es eine Möglichkeit zu streiten gibt, bei der es am Schluss nur Gewinner:innen gibt. Wenn man konstruktiv streitet, schult man sich zum einen in förderlichen Kommunikationsfertigkeiten, in emotionaler Intelligenz (der Wahrnehmung von Gefühlen und deren Ausdruck) und in einer wirksamen Problemlösung, zum anderen gibt man diese Kompetenzen an die Kinder weiter und dient ihnen als fruchtbare Verhaltensmodelle. Konstruktives Streiten hilft Paaren, längerfristig glücklich zu sein und zu bleiben. Es hilft ihnen auch dabei, gute Eltern zu sein und ausreichend Ressourcen für das Kind zu haben. Und es erleichtert es den Eltern, gegenüber den Kindern am selben Strang zu ziehen und ihre Erziehungsbemühungen zu koordinieren. Positiv ist auch, dass konstruktives Streiten gelernt werden kann.[94]

Die drei Kernbotschaften dieses Buches sind:

1. Vermeiden Sie Konflikte nicht, sondern sprechen Sie Störendes an und suchen Sie gemeinsam nach Lösungen, die fair und für beide stimmig sind. Dabei spielt die emotionale Selbstöffnung eine Schlüsselrolle. Je besser es gelingt, die eigenen, nicht befriedigten Bedürfnisse wahrzunehmen und die damit einhergehenden negativen Gefühle zu erkennen und verständlich auszudrücken, desto besser kann eine konstruktive Konfliktkommunikation aufgebaut werden.
2. Sprechen Sie Störendes möglichst frühzeitig an. Es ist wie bei einem Gewässer. Einen Bach kann man noch problemlos kontrollieren und in die richtigen Bahnen lenken, ein kleiner Fluss erfordert schon erheblich mehr Aufwand und ist nicht mehr ohne große Anstrengungen zu kanalisieren. Bei einem großen Strom wird das Unternehmen aussichtslos. Genauso verhält es sich mit Konflikten. Wenn einen etwas zu stören beginnt, geht dies in der Regel mit noch relativ geringen negativen Gefühlen einher. Sie entstehen erst allmählich und werden mit jedem neuen störenden Erlebnis stärker. Die negative Stimmung zu Beginn zu kontrollieren, ist noch wesentlich leichter und in der Regel gut möglich. Wenn das Störende immer stärker im Bewusstsein ist und einen immer mehr gedanklich einnimmt (vgl. grübeln), wird es schwieriger, sachlich zu bleiben. Wenn die Frustration zu stark und die Toleranz gegen null geht, reißen einen die negativen Emotionen unkontrolliert fort, und ein konstruktives Ansprechen ist häufig erschwert oder gar nicht mehr möglich. Daher gilt: Warten Sie nicht zu lange, sondern bringen Sie das auf den Tisch, was Sie stört. Sie sind deshalb nicht schwierig, zickig oder undankbar. Im Gegenteil: Je schneller und konsequenter Sie kleine störende Dinge ansprechen, desto weniger wird es längerfristig zu Nörgeln und Quengeln und destruktiver Negativität kommen. Denken Sie an die Bach-Fluss-Strom-Metapher.
3. Achten Sie darauf, wie Sie Störendes ansprechen. Konflikte sind nicht das Problem, sondern stellen eine Chance dar. Das Problem ist die Art und Weise, wie man Störendes anspricht, die Negativität im Tonfall, in der Mimik und Gestik, im verbal Geäußerten, im Verhalten. Die SaGeBe-Methode eignet sich besonders gut dazu,

eine konstruktive Form der Konfliktkommunikation zu ermöglichen. Je mehr Sie üben, Ihre Gefühle und Bedürfnisse anzusprechen, desto einfacher wird dies mit der Zeit. Reden Sie nicht ausufernd von der Situation oder dem Problem, sondern davon, was es mit Ihnen macht, was es bei Ihnen auslöst und warum dies so ist. Die Warum-Frage ist zentral wichtig, um die eigenen Reaktionen verstehen zu lernen und Verständnis beim Partner, bei der Partnerin aufbauen zu können.

Wenn eine konstruktive Art, Konflikte anzusprechen, zum vorherrschenden Stil wird, beeinflusst dies das Paar- und Familienklima, Ihr Befinden und das der Kinder sowie die Zufriedenheit aller nachhaltig positiv. Die Partnerschaftsqualität bildet einen der wichtigsten Pfeiler für Gesundheit, Wohlergehen und Lebenszufriedenheit.[95] Je besser es Ihnen gelingt, konstruktiv zu streiten, desto wohler werden Sie sich fühlen und zufriedener mit sich, der Partnerschaft und dem Leben sein. Es lohnt sich, sich dafür einzusetzen.

Zum Nachdenken
Was nehme ich aus der Lektüre dieses Buches mit?

Anhang

Anmerkungen

1 Alle Beispiele in diesem Buch wurden anonymisiert und die personenbezogenen Daten verändert.
2 Konflikt kommt vom lateinischen Wort *confligere* und bedeutet „zusammenstoßen“.
3 Papp, Cummings & Goeke-Morey (2009); Schweizerisches Bundesamt für Statistik (2016).
4 Schweizerisches Bundesamt für Statistik (2016).
5 Schindler et al. (2019).
6 Heyman et al. (2009).
7 Bodenmann (2012).
8 Bulling et al. (2022).
9 Birchler et al. (1975); Fichten & Wright (1983); Vincent et al. (1979).
10 Leicht abgeändert nach Hahlweg (1991), S. 130.
11 Gottman (1993, 1994).
12 Bodenmann & Backman (1997).
13 Gottman (1994).
14 Woodin (2011).
15 ebd.
16 Bodenmann (2012); Bodenmann & Fux (2019).
17 Baucom, McFarland & Christensen (2010).
18 McNulty & Russell (2010).
19 Overall & McNulty (2017).
20 Gottman & Krokoff (1989).
21 Arindell & Luteijn (2001); Brandstätter et al. (2018).
22 McNulty & Russell (2009).
23 Gottman (1994).
24 ebd.
25 Gottman & Levenson (1992).
26 Bodenmann (2012).
27 Zapata-Calvente et al. (2019).
28 Walters Chen & Breiding (2013).
29 Dutton (2012); Strauss (1999, 2011).
30 Smith et al. (2018).
31 Archer (2002).
32 Breiding et al. (2014).
33 Bundeskriminalamt (2021).
34 Zapata-Calvente et al. (2019).
35 Jacobson et al. (1995).

36 Capaldi et al. (2019).
37 Bodenmann (2023).
38 McNulty & Russell (2011); Overall & McNulty (2017).
39 Die Unterstützungskommunikation wird auch als dyadisches Coping bezeichnet (Bodenmann, 2000; 2016a, b).
40 Bodenmann (2000); Falconier et al. (2015).
41 Bodenmann (2000).
42 Nussbeck et al. (2012).
43 Bodenmann et al. (2007).
44 Karney & Bradbury (1995); Lavner et al. (2016) ; Ledermann et al. (2010); Woodin (2011).
45 Jolin et al. (2022).
46 Kanter et al. (2021).
47 ebd.; Ruffieux et al. (2014).
48 Gottman (1994); Kirchner-Häusler et al. (2021).
49 Bodenmann et al. (2009).
50 McNulty & Russell (2011).
51 Zemp et al. (2014).
52 Cummings & Davies (2010).
53 Zemp, Jockers & Mata (2020).
54 Bodenmann (2016a); Van Eldik et al. (2020).
55 Zemp et al. (2016); Zemp et al. (2014b).
56 Davies et al. (2008).
57 Underwood et al. (2008).
58 ebd.
59 Cummings & Davies (2010); Zemp & Schirl (2021).
60 Davies et al. (2022); Fischer et al. (2021); Giallo et al. (2021); Holt et al. (2021); Low et al. (2021); Siffert & Schwarz (2011); Sturge-Apple et al. (2006); Zemp & Bodenmann (2015).
61 Craft et al. (2021).
62 Covington et al. (2021); El-Sheikh et al. (2006); Peltz et al. (2016).
63 Rhoades et al. (2012).
64 Cummings et al. (2004).
65 Grych & Fincham (2001).
66 Holt et al. (2021).
67 Tolmacz et al. (2022).
68 Man nennt dies im Fachjargon mangelndes Coparenting.
69 Bandura (1979).
70 Sturge-Apple et al. (2006).
71 Im Sinne einer Klassischen Konditionierung: Unkonditionierter Stimulus (UCS): starke physiologische Erregung; Neutraler Stimulus (NS): Konflikt, der nach Koppelung mit UCS zum Konditionierten Stimulus (CS) wird.
72 Underwood et al. (2009).
73 Sanders et al. (1999).
74 Capaldi et al. (2003).
75 Bodenmann (2016b).
76 Zemp et al. (2014).

77 Dieser Prozess wird als Eskalationsfalle, Zwangsprozess oder coersives Verhalten bezeichnet und wurde erstmals von Patterson (1977) respektive Patterson et al. (1992) im Zusammenhang von Eltern-Kind-Interaktionen beschrieben.

78 Bodenmann (2005).

79 Collins & Miller (1994).

80 Willems, Finkenauer & Kerkhof (2020).

81 Dindia & Allen (1992).

82 Bodenmann et al. (2015).

83 Die SaGeBe-Methode wurde von mir im Rahmen von Paarlife, einem Programm zur Stärkung von Paarbeziehungen, entwickelt und basiert auf meiner Trichtermethode zur emotionalen Selbstöffnung und zur Förderung der gegenseitigen Unterstützung (dyadisches Coping) (Bodenmann, 2012).

84 Darunter versteht man nach innen, d.h. gegen sich selbst gerichtete Emotionen wie Angst, Traurigkeit, Hilflosigkeit, Einsamkeit, Verzweiflung.

85 Diese Methode wurde von Edmund Jacobson (1938) entwickelt und wird sehr erfolgreich zur Entspannung bei Stress, Schlafstörungen oder Ängsten eingesetzt. Es gibt heute eine Reihe von Anleitungen dazu, beispielsweise die Audioanleitung nach seiner Methode (Jacobson, 2013).

86 Psychische und physische Gewalt hängen mit mittlerer Stärke zusammen (Zapata-Calvente et al., 2019).

87 Bakermans-Kranenburg & van IJzendoorn (2009).

88 Ich verweise hier auf die sogenannte Typ-II-Gewalt, welche durch starke physiologische Erregung entsteht, wie sie im Kapitel 2 beschrieben wurde. Dabei handelt es sich um Gewalt, die aufgrund hochkochender Emotionen und der Unfähigkeit, diese zu kontrollieren, entsteht (Jacobson et al., 1995).

89 Bei der sogenannten Typ-I-Gewalt, der psychopathischen Gewalt, die ohne jegliches Mitgefühl verübt wird, sind Interventionen häufig schwieriger und erfordern auf jeden Fall eine Psychotherapie, meist flankiert von gerichtlichen Maßnahmen.

90 Gottman (1993, 1994).

91 Bertoni & Bodenmann (2010).

92 Zemp et al. (2014).

93 Parsons et al. (2019).

94 In wissenschaftlich fundierten Kursen wie *Ein Partnerschaftliches Lernprogramm (EPL)* oder *Paarlife* können Paare lernen, ihre konstruktive Kommunikation zu verbessern oder zu festigen. Die Wirksamkeit beider Programme wurde mehrfach nachgewiesen.

95 Kamp Dush et al. (2008); Proulx et al. (2010); Ruvolo (1998).

Literatur

Archer, J. (2002). Sex differences in physically aggressive acts between heterosexual partners: A meta-analytic review. *Aggression and violent behavior, 7(4)*, 313–351.

Arindell, W. A., & Luteijn, F. (2000). Similarity between intimate partners for personality traits as related to individual levels of satisfaction with life. *Personality and Individual Differences, 28,* 629–637.

Bakermans-Kranenburg, M. J., & van Ijzendoorn, M. H. (2009). The first 10.000 Adult Attachment Interviews: Distributions of adult attachment representations in clinical and non-clinical groups. *Attachment & Human Development, 11,* 223–263.

Bandura, A. (1977). *Social learning theory.* Prentice-Hall.

Barthassat, J. (2014). Positive and negative effects of parental conflicts on children's condition and behaviour. *Journal of European Psychology Students, 5(1)*, 10–18.

Baucom, B. R., McFarland, P. T., & Christensen, A. (2010). Gender, topic, and time in observed demand–withdraw interaction in cross- and same-sex couples. *Journal of Family Psychology, 24(3)*, 233–242.

Bertoni, A., & Bodenmann, G. (2010). Satisfied and dissatisfied couples: Positive and negative dimensions, conflict styles, and relationships with family of origin. *European Psychologist, 15,* 175–184.

Birchler, G. R., Weiss, R. L., & Vincent, J. P. (1975). Multimethod analysis of social reinforcement exchange in happy and unhappy marriages. *Journal of Personality and Social Psychology, 31,* 349–360.

Bodenmann, G. (2000). *Stress und Coping bei Paaren.* Hogrefe.

Bodenmann, G. (2005). *Beziehungskrisen erkennen, verstehen, bewältigen.* (2., überarb. und erg. Aufl.) Hogrefe.

Bodenmann, G. (2012). *Verhaltenstherapie mit Paaren. Ein bewältigungsorientierter Ansatz.* (2., vollst. überarb. Aufl.) Hogrefe.

Bodenmann, G. (2016a). *Lehrbuch Klinische Paar- und Familienpsychologie.* (2., überarb. Aufl.) Hogrefe.

Bodenmann, G. (2016b). *Bevor der Stress uns scheidet. Resilienz in der Partnerschaft.* (2., unveränd. Aufl.) Hogrefe.

Bodenmann, G. (2023). *Mit ganzem Herzen lieben. Commitment – wie Ihre Beziehung langfristig glücklich bleibt.* (3. Aufl.) Patmos.

Bodenmann, G., & Backman, H. (1997). A Swiss replication of Gottman's couple typology. *Swiss Journal of Psychology, 56,* 205–216.

Bodenmann, G., & Bodenmann, C. (2023). *Gewalt bei Paaren. Fortschritte der Psychotherapie.* Hogrefe.

Bodenmann, G., Bradbury, T. N., & Pihet, S. (2009). Relative contributions of treatment-related changes in communication skills and dyadic coping skills to the longitudinal course of marriage in the framework of marital distress prevention. *Journal of Divorce and Remarriage, 50,* 1–21.

Bodenmann, G., & Fux, C. (2019). *Was Paare stark macht. Das Geheimnis glücklicher Beziehungen.* (6. Aufl.). Beobachter Edition.
Bodenmann, G., Ledermann, T., & Bradbury, T. N. (2007). Stress, sex, and satisfaction in marriage. *Personal Relationships, 14,* 407–425.
Bodenmann, G., Meuwly, N., Germann, J., Nussbeck, F. W., Heinrichs, M., & Bradbury, T. N. (2015). Effects of stress on the social support provided by men and women in intimate relationships. *Psychological Science, 26,* 1584–1594.
Brandstätter, H., Brandstätter, V., & Pelka, R. B. (2018). Similarity and positivity of personality profiles consistently predict relationship satisfaction in dyads. *Frontiers in Psychology, 9,* 1009.
Breiding, M. J., Chen, J., & Black, M. C. (2014). *Intimate partner violence in the United States 2010.* Report.
Bulling, L. J., Heyman, R. E., & Bodenmann, G. (2022). Bringing behavioral observation of couples into the 21st century. *Journal of Family Psychology, 37(1),* 1–9.
Capaldi, D. M., Low, S., Tiberio, S. S., & Shortt, J. W. (2019). Intimate partner violence across the lifespan: Dyadic theory and risk and protective factors. In *Handbook of Interpersonal Violence and Abuse across the Lifespan.* (S. 1–25). Springer.
Capaldi, D. M., Pears, K. C., Patterson, G. R., & Owen, L. D. (2003). Continuity of parenting practices across generations in an at-risk sample: A prospective comparison of direct and mediated associations. *Journal of Abnormal Child Psychology, 31,* 127–142.
Collins, N. L., & Miller, L. C. (1994). Self-disclosure and liking: A meta-analytic review. *Psychological Bulletin, 116(3),* 457–475.
Covington, L. B., Patterson, F., Hale, L. E., Teti, D. M., Cordova, A., Mayberry, S., & Hauenstein, E. J. (2021). The contributory role of the family context in early childhood sleep health: A systematic review. *Sleep Health, 7(2),* 254–265.
Craft, A. L., Perry-Jenkins, M., & Newkirk, K. (2021). The implications of early marital conflict for children's development. *Journal of Child and Family Studies, 30,* 292–310.
Cummings, E. M., & Davies, P. T. (2002). Effects of marital conflict on children: Recent advances and emerging themes in process-oriented research. *Journal of child psychology and psychiatry, 43(1),* 31–63.
Cummings, E. M., & Davies, P. T. (2010). *Marital conflict and children. An emotional security perspective.* The Guilford Press.
Cummings, E. M., Goeke-Morey, M. C., & Papp, L. M. (2004). Everyday marital conflict and child aggression. *Journal of abnormal child psychology, 32(2),* 191–202.
Davies, P. T., & Cummings, E. M. (1994). Marital conflict and child adjustment: An emotional security hypothesis. *Psychological Bulletin, 116(3),* 387.

Davies, P. T., Harold, G. T., Goeke-Morey, M. C., Cummings, E. M., Shelton, K., Rasi, J. A., & Jenkins, J. M. (2002). Child emotional security and interparental conflict. *Monographs of the Society for Research in Child Development, 67(3)*, i–127.

Davies, P. T., & Lindsay, L. L. (2001). Does gender moderate the effects of marital conflict on children? In J. H. Grych, & F. D. Fincham (Eds.), *Interparental conflict and child development: Theory, research, and applications* (S. 64–97). Cambridge University Press.

Davies, P. T., Sturge-Apple, M. L., Cicchetti, D., & Cummings, E. M. (2008). Adrenocortical underpinnings of children's psychological reactivity to interparental conflict. *Child Development, 79(6)*, 1693–1706.

Davies, P. T., Sturge-Apple, M. L., Winter, M. A., Cummings, E. M., & Farrell, D. (2017). Child adaptational development in contexts of interparental conflict over time. In *Interpersonal Development* (S. 125–140). Routledge.

Davies, P. T., Sturge-Apple, M. L., Cicchetti, D., & Cummings, E. M. (2007). The role of child adrenocortical functioning in pathways between interparental conflict and child maladjustment. *Developmental psychology, 43(4)*, 918.

Davies, P. T., Sturge-Apple, M. L., Cicchetti, D., & Cummings, E. M. (2008). Adrenocortical underpinnings of children's psychological reactivity to interparental conflict. *Child Development, 7(6)*, 1693–1706.

Davies, P. T., Thompson, M. J., Hentges, R. F., Coe, J. L., & Sturge-Apple, M. L. (2020). Children's attentional biases to emotions as sources of variability in their vulnerability to interparental conflict. *Developmental Psychology, 56(7)*, 1343.

Davies, P. T., Thompson, M. J., Hentges, R. F., Parry, L. Q., & Sturge-Apple, M. L. (2022). Interparental conflict as a quadratic predictor of children's reactivity to interparental conflict and school adjustment: Steeling effects or risk saturation? *Child Development, 93(2)*, 594–611.

Dindia, K., & Allen, M. (1992). Sex differences in self-disclosure: A meta-analysis. *Psychological Bulletin, 112(1)*, 106–124.

Dutton, D. G. (2011). *Rethinking domestic violence.* UBC Press.

El-Sheikh, M., Buckhalt, J. A., Acebo, C., & Mize, J. (2006). Marital conflict and disruption of children's sleep. *Child Development, 77*, 31–43.

Emery, R. E., Fincham, F. D., & Cummings, E. M. (1992). Parenting in context: Systemic thinking about parental conflict and its influence on children. *Journal of Consulting and Clinical Psychology, 60(6)*, 909–912.

Falconier, M. K., Jackson, J., Hilpert, J., & Bodenmann, G. (2015). Dyadic Coping and relationship satisfaction: A meta-analysis. *Clinical Psychology Review, 42*, 28–46.

Farley, J. P., & Kim-Spoon, J. (2014). The development of adolescent self-regulation: Reviewing the role of parent, peer, friend, and romantic relationships. *Journal of Adolescence, 37(4)*, 433–440.

Fichten, C. S., & Wright, J. (1983). Problem-solving skills in happy and distressed couples: Effects of videotape and verbal feedback. *Journal of Clinical Psychology, 39(3)*, 340–352.

Fischer, I., Schober, P. S., & Nagengast, B. (2021). Parental relationship quality and children's behavioural problems: Childcare quality as a protective factor? *Journal of Family Research, 33(3)*, 703–733.

Fosco, G. M., & Grych, J. H. (2010). Adolescent triangulation into parental conflicts: Longitudinal implications for appraisals and adolescent-parent relations. *Journal of Marriage and Family, 72(2)*, 254–266.

Gelles, R. J., & Straus, M. A. (1988). *Intimate violence*. Simon & Schuster.

Giallo, R., Seymour, M., Fogarty, A., Feinberg, M., Christensen, D., Gartland, D., Wood, C., Brown, S. J., & Cooklin, A. (2021). Trajectories of interparental conflict and children's emotional-behavioural functioning at 10–11 years: An Australian population-based study. *European Child & Adolescent Psychiatry*. Online First publication.

Goeke-Morey, M. C., Cummings, E. M., Harold, G. T., & Shelton, K. H. (2003). Categories and continua of destructive and constructive marital conflict tactics from the perspective of U.S. and Welsh children. *Journal of Family Psychology, 17(3)*, 327–338.

Goeke-Morey, M. C., Papp, L. M., & Cummings, E. M. (2013). Changes in marital conflict and youths' responses across childhood and adolescence: A test of sensitization. *Development and Psychopathology, 25(1)*, 241–251.

Gottman, J. M. (1993). The roles of conflict engagement, escalation, and avoidance in marital interaction: A longitudinal view of five types of couples. *Journal of Consulting and Clinical Psychology, 61*, 6–15.

Gottman, J. M. (1994). *What predicts divorce? The Relationship between Marital Processes and Marital Outcomes.* Erlbaum.

Gottman, J. M., Coan, J., Carrere, S., & Swanson, C. (1998). Predicting marital happiness and stability from newlywed interactions. *Journal of Marriage and the Family, 60*, 5–22.

Gottman, J. M., Jacobson, N. S., Rushe, R. H., Shortt, J. W., Babcock, J., La Taillade, J. J., & Waltz, J. (1995). The relationship between heart rate reactivity, emotionally aggressive behaviour, and general violence in batterers. *Journal of Family Psychology, 3*, 227–248.

Gottman, J. M., & Krokoff, L. J. (1989). Marital interaction and satisfaction: A longitudinal view. *Journal of Consulting and Clinical Psychology, 57*, 47–52.

Gottman, J. M., & Levenson, R. W. (1992). Marital processes predictive of later dissolution: Behavior, physiology, and health. *Journal of Personality and Social Psychology, 63(2)*, 221–233.

Grych, J. H., & Fincham, F. D. (1990). Marital conflict and children's adjustment: A cognitive contextual framework. *Psychological Bulletin, 108(2)*, 267–290.

Grych, J. H., & Fincham, F. D. (Eds.). (2001). *Interparental conflict and child development: Theory, research and applications.* Cambridge University Press.

Hahlweg, K. (1991). Störung und Auflösung von Beziehung. Determinanten der Ehequalität und -stabilität. In M. Amelang (Hg.), *Partnerwahl und Partnerschaft. Bd. 4: Formen und Grundlagen partnerschaftlicher Beziehungen* (S. 117–152). Hogrefe.

Harold, G. T., Aitken, J. J., & Shelton, K. H. (2007). Inter-parental conflict and children's academic attainment: A longitudinal analysis. *Journal of Child Psychology and Psychiatry, 48(12),* 1223–1232.

Hess, S. (2022). Effects of inter-parental conflict on children's social well-being and the mediation role of parenting behavior. *Applied Research in Quality of Life, 17(4),* 2059–2085.

Heyman, R. E., Hunt, A. N., & Slep, A. M. (2009). Desired changes in couples: Gender differences and effects on communication. *Journal of Family Psychology, 23(4),* 474–484.

Holt, T., Sand Helland, M., Morbech, M., Larsen, L., Gustavson, K., Ha, A., & Cummings, E. M. (2021). Agreement between child and parent reports of children's reactions to interparental conflict. *Journal of Family Psychology.* Advance online publication.

Jenkins, J. M., & Buccioni, J. M. (2000). Children's understanding of marital conflict and the marital relationship. *Journal of Child Psychology and Psychiatry, 41(2),* 161–168.

Jolin, S., Lafontaine, M. F., Brassard, A., & Lussier, Y. (2022). Which comes first? Associations between communication patterns and relationship satisfaction in couples over a 1-year period. *Canadian Journal of Behavioural Science.* Online First publication.

Kamp Dush, C. M., Taylor, M. G., & Kroeger, R. A. (2008). Marital happiness and psychological wellbeing across the life course. *Family Relations, 57,* 211–226.

Kanter, J. B., Lavner, J. A., Lannin, D. G., Hilgard, J., & Monk, J. K. (2022). Does couple communication predict later relationship quality and dissolution? A meta-analysis. *Journal of Marriage and Family, 84(2),* 533–551.

Katz, L. F., & Gottman, J. M. (1993). Patterns of marital conflict predict children's internalizing and externalizing behaviors. *Developmental Psychology, 29(6),* 940.

Katz, L. F., & Gottman, J. M. (1995). Vagal tone protects children from marital conflict. *Development and Psychopathology, 7(1),* 83–92.

Katz, L. F., & Gottman, J. M. (1996). Spillover effects of marital conflict: In search of parenting and coparenting mechanisms. *New Directions for Child and Adolescent Development, 1996(74),* 57–76.

Kirchner-Häusler, A., Boiger, M., Uchida, Y., Higuchi, Y., Uchida, A., & Mesquita, B. (2022). Relatively happy: The role of the positive-to-negative affect ratio in Japanese and Belgian couples. *Journal of Cross-Cultural Psychology, 53(1),* 66–86.

Kouros, C. D., Cummings, E. M., & Davies, P. T. (2010). Early trajectories of interparental conflict and externalizing problems as predictors of social competence in preadolescence. *Development and Psychopathology, 22,* 527–537.

Krishnakumar, A., & Buehler, C. (2000). Interparental conflict and parenting behaviors: A meta-analytic review. *Family Relations, 49,* 25–45.

Jacobson, E. (2013). *Entspannung und Erholung. Progressive Muskelentspannung.* Audiobook.

Jacobson, N. S., Gottman, J. M., & Shortt, J. W. (1995). The distinction between Type 1 and Type 2 batterers—further considerations: Reply to Ornduff et al. (1995), Margolin et al. (1995), and Walker (1995). *Journal of Family Psychology, 9,* 272–279.

Lavner, J. A., Karney, B. R., & Bradbury, T. N. (2016). Does couples' communication predict marital satisfaction, or does marital satisfaction predict communication? *Journal of Marriage and Family, 78(3),* 680–694.

Ledermann, T., Bodenmann, G., Rudaz, M., & Bradbury, T. N. (2010): Stress, Communication, and Marital Quality in Couples. *Family Relations, 59(2),* 195–206.

Leuchtmann, L. (2017). The role of empathy in interpersonal affect regulation in intimate relationships. Unveröffentlichte Dissertation. Universität Zürich.

Low, S., Tiberio, S. S., Capaldi, D. M., & Shortt, J. W. (2021). Associations Between Partner Violence, Parenting, and Children's Adjustment: A Dyadic Framework. *Journal of Family Psychology.* Advance online publication.

McCoy, K., Cummings, E. M., & Davies, P. T. (2009). Constructive and destructive marital conflict, emotional security and children's prosocial behavior. *Journal of Child Psychology and Psychiatry, 50(3),* 270–279.

McNulty, J. K., & Russell, V. M. (2010). When "negative" behaviors are positive: A contextual analysis of the long-term effects of problem-solving behaviors on changes in relationship satisfaction. *Journal of Personality and Social Psychology, 98(4),* 587–604.

Miller, E., & McCaw, B. (2019). Intimate partner violence. *New England Journal of Medicine, 380(9),* 850–857.

Mills, A. L., Aquino, G. A., Hoegler, S., & Cummings, E. M. (2021). Interparental conflict, emotional insecurity, and parent-adolescent communication. *Journal of Family Issues, 42,* 2377–2396.

Nussbeck, F., Hilpert, P., & Bodenmann, G. (2012). Der Zusammenhang zwischen positivem und negativem Interaktionsverhalten in der Partnerschaft mit Partnerschaftszufriedenheit und Trennungsabsichten. *Zeitschrift* für *Familienforschung, 24,* 85–103.

Overall, N. C., & McNulty, J. K. (2017). What type of communication during conflict is beneficial for intimate relationships? *Current Opinion in Psychology, 13,* 1–5.

Papp, L. M., Cummings, E. M., & Goeke-Morey, M. C. (2002). Marital conflicts in the home when children are present versus absent. *Developmental Psychology, 38(5),* 774–783.

Papp, L. M., Cummings, E. M., & Goeke-Morey, M. C. (2009). For richer, for poorer: Money as a topic of marital conflict in the home. *Family Relations, 58(1),* 91–103.

Patterson, G. R. (1977). A performance theory for coercive family interaction. In R. Cairns (Ed.), *Social interaction: Method, analysis, and illustration.* Society for Research in Child Development Monograph.

Patterson, G. R., Reid, J. B., & Dishion, T. J. (1992). *Antisocial boys: A Social interactional Approach.* Castalia.

Peltz, J. S., Rogge, R. D., Sturge-Apple, M. L., O'Connor, T. G., & Pigeon, W. R. (2016). Reciprocal influences among family processes and toddlers' sleep problems. *Journal of Family Psychology, 30(6),* 720–732.

Proulx, C. M., Helms, H. M., & Buehler, C. (2007). Marital quality and personal well-being: A meta-analysis. *Journal of Marriage and Family, 69(3),* 576–593.

Rhoades, K. A., Leve, L. D., Harold, G. T., Mannering, A. M., Neiderhiser, J. M., Shaw, D. S., Natsuaki, M. N., & Reiss, D. (2012). Marital hostility and child sleep problems: Direct and indirect associations via hostile parenting. *Journal of Family Psychology, 26,* 488–498.

Ruffieux, M., Nussbeck, F. N., & Bodenmann, G. (2014). Long-term prediction of relationship satisfaction and stability by stress, coping, communication, and well-being. *Journal of Divorce & Remarriage, 55,* 485–501.

Ruvolo, A. P. (1998). Marital well-being and general happiness of newlywed couples: Relationship across time. *Journal of Social and Personal Relationships, 15,* 470–489.

Sanders, M. R., Halford, W. K., & Behrens, B. C. (1999). Parental divorce and premarital couple communication. *Journal of Family Psychology, 13(1),* 60.

Sarrazin, J., & Cyr, F. (2007). Parental conflicts and their damaging effects on children. *Journal of Divorce & Remarriage, 47(1–2),* 77–93.

Schindler, L., Hahlweg, K., & Revenstorf, D. (2019). *Partnerschaftsprobleme: Diagnose und Therapie. Handbuch für Therapeuten.* Springer.

Siffert, A., & Schwarz, B. (2011). Parental conflict resolution styles and children's adjustment: Children's appraisals and emotion regulation as mediators. *The Journal of Genetic Psychology, 172(1),* 21–39.

Smith, S. G., Zhang, X., Basile, K. C., Merrick, M. T., Wang, J., Kresnow, M. J., & Chen, J. (2018). *The National Intimate Partner and Sexual Violence Survey (NISVS): 2015 Data Brief.* National Center for Injury Prevention and Control, Centers for Disease Control and Prevention, Atlanta, GA.

Steinberg, S. J., Davila, J., & Fincham, F. (2006). Adolescent marital expectations and romantic experiences: Associations with perceptions about parental conflict and adolescent attachment security. *Journal of Youth and Adolescence, 35(3)*, 314–329.

Straus, M. A. (2011). Gender symmetry and mutuality in perpetration of clinical-level partner violence: Empirical evidence and implications for prevention and treatment. *Aggression and Violent Behavior, 16(4)*, 279–288.

Sturge-Apple, M. L., Davies, P. T., & Cummings, E. M. (2006). Impact of hostility and withdrawal in interparental conflict on parental emotional unavailability and children's adjustment difficulties. *Child Development, 77(6)*, 1623–1641.

Sturge-Apple, M. L., Davies, P. T., Winter, M. A., Cummings, E. M., & Schermerhorn, A. (2008). Interparental conflict and children's school adjustment: The explanatory role of children's internal representations of interparental and parent-child relationships. *Developmental Psychology, 44(6)*, 1678.

Tolmacz, R., Bachner-Melman, R., Lev-Ari, L., & Almagor, K. (2022). Interparental conflict and relational attitudes within romantic relationships: The mediating role of attachment orientations. *Journal of Social and Personal Relationships, 39(6)*, 1648–1668.

Thompson, M. J., Davies, P. T., Coe, J. L., & Sturge-Apple, M. L. (2021). Family origins of distinct forms of children's involvement in interparental conflict. *Journal of Family Psychology, 36(7)*, 1142–1153.

Thompson, M. J., Davies, P. T., & Sturge-Apple, M. L. (2022). Understanding heterogeneity in pathways between interparental conflict and children's involvement: The moderating role of affect-biased attention. *Child Development.* Online First publication.

Underwood, M. K., Beron, K. J., Gentsch, J. K., Galperin, M. B., & Risser, S. D. (2008). Family correlates of children's social and physical aggression with peers: Negative interparental conflict strategies and parenting styles. *International Journal of Behavioral Development, 32,* 549–562.

Underwood, M. K., Beron, K. J., & Rosen, L. H. (2009). Continuity and change in social and physical aggression from middle childhood through early adolescence. *Aggressive Behavior: Official Journal of the International Society for Research on Aggression, 35(5)*, 357–375.

Van Doorn, M. D., Branje, S. J., & Meeus, W. H. (2007). Longitudinal transmission of conflict resolution styles from marital relationships to adolescent-parent relationships. *Journal of Family Psychology, 21(3)*, 426–434.

Van Eldik, W. M., de Haan, A. D., Parry, L. Q., Davies, P. T., Luijk, M. P., Arends, L. R., & Prinzie, P. (2020). The interparental relationship: Meta-analytic associations with children's maladjustment and responses to interparental conflict. *Psychological Bulletin, 146(7)*, 553.

Vincent, J. B., Friedman, L. L., Nugent, J., & Messerly, L. (1979). Demand characteristics in observations of marital interactions. *Journal of Consulting and Clinical Psychology, 47,* 557–566.

Willems, Y. E., Finkenauer, C., & Kerkhof, P. (2020). The role of disclosure in relationships. *Current Opinion in Psychology, 31*, 33–37.

Woodin, E. M. (2011). A two-dimensional approach to relationship conflict: Meta-analytic findings. *Journal of Family Psychology, 25(3)*, 325–335.

Zapata-Calvente, A. L., Megías, J. L., Moya, M., & Schoebi, D. (2019). Gender-related ideological and structural macrosocial factors associated with intimate partner violence against European women. *Psychology of Women Quarterly, 43(3)*, 317–334.

Zemp, M., & Bodenmann, G. (2015). *Partnerschaftsqualität und kindliche Entwicklung. Ein Überblick für Therapeuten, Pädagogen und Pädiater*. Essentials. Springer.

Zemp, M., & Schirl, J. (2021). Warum ADHS im Kindes- und Jugendalter eine Familienangelegenheit ist. Zusammenhänge zwischen familiären Konflikten und kindlicher ADHS. *Familiendynamik, 46(3)*, 224–233.

Zemp, M., Bodenmann, G., & Beach, S. R. H. (2014a). Interparental conflict impairs children's short-termed attention performance. *Family Science, 5*, 43–51.

Zemp, M., Bodenmann, G., & Cummings, E. M. (2014b). The role of skin conductance level reactivity in the impact of children's exposure to interparental conflict on their attention performance. *Journal of Experimental Child Psychology, 118,* 1–12.

Zemp, M., Bodenmann, G., & Cummings, E. M. (2016). The significance of interparental conflict for children. *European Psychologist, 21*, 99–108.

Zemp, M., Jockers, M., & Mata, J. (2020). The role of constructiveness in interparental conflict for mothers' perception of children's health. *Family Relations, 69(4)*, 683–697.

Zemp, M., Merrilees, C. E., & Bodenmann, G. (2014). How much positivity is needed to buffer the impact of parental negativity on children? *Family Relations, 63(5)*, 602–615.

Die Liebe stärken

Guy Bodenmann
Mit ganzem Herzen lieben
Commitment – wie Ihre Beziehung langfristig glücklich bleibt

Format 14 x 22 cm
208 Seiten
Paperback
ISBN 978-3-8436-1306-4

Wir alle wünschen uns, dass die Liebe ein Leben lang hält. Doch die hohen Trennungs- und Scheidungsraten zeigen: Allzu oft schwindet sie, und die Beziehung zerbricht. Aber Paare können etwas dagegen tun: Wie eine Pflanze bedarf die Liebe der Pflege. Es gilt, sich für die Beziehung zu engagieren, sich voll und ganz auf den anderen einzulassen. Dies wird in der Psychologie als „Commitment“ bezeichnet. Es ist der Schlüssel zu einer dauerhaften Partnerschaft.
Mithilfe vieler Übungen und konkreter praktischer Tipps zeigt der Paartherapeut und Partnerschaftsforscher Guy Bodenmann auf, wie Paare ihr Commitment stärken können, um auch Krisenzeiten gut zu überstehen und gemeinsam alt zu werden.

PATMOS
www.verlagsgruppe-patmos.de

Komplexen die Macht nehmen

Verena Kast
Konflikte anders sehen
Die eigenen Lebensthemen entdecken

184 Seiten, 12 × 19 cm
Hardcover
ISBN 978-3-8436-1236-4

„Immer komme ich zu kurz“, oder: „Niemand mag mich!“ – es gibt Konflikte, die immer wiederkehren. Diese Komplexe, hinter denen sich unsere ureigenen Lebensthemen verbergen, sind mit starken Emotionen verbunden. Sie bestimmen unser Erleben und Verhalten im Hier und Jetzt, obwohl sie aus Konflikten der Vergangenheit stammen: Wer etwa als Kind ständig vom Vater abgewertet wurde, kann heute unter einem belastenden Minderwertigkeitskomplex leiden.
Die renommierte Jung’sche Analytikerin und Psychotherapeutin Verena Kast zeigt: Wenn wir unseren Lebensthemen auf die Spur kommen, können wir uns besser aus den immer gleichen Konflikten befreien und neue bereichernde Seiten des Lebens entdecken.

PATMOS
www.verlagsgruppe-patmos.de